KB236529

우리 서로
받은 그 기쁨은
알 사람이 없도다

가족

가족

나의 사랑 나의 십자가

최에스더 지음

3부

한 통의 전화

사랑하는 진석 은석 진수 은수,

그리고 조카 은서에게

급조된 스터디 그룹이었다지만 다들 4년 내내 봐오던 친구들이었다.

나는 일찍부터 전공 공부에는 뜻이 없었고, 남몰래 계획해놓은 다른 공부를 하기 위해 유학의 길을 도모하고자 이 모임에 들었다. 대학원 준비그룹에 끼어서 면학분위기만 얻어가는 처지였던 것이다. 그 그룹은 나까지 여자 넷에 4학년이 되도록 군대를 가지 않은 같은 학번의 남자가 둘 더 있었는데, 누가 얘기해줬던가, 둘 중 한 친구가 교회를 다닌다고 했다.

"그래?" 하고 살펴보았다. 키는 나만 하고 좀 마른 체구에 머리는 무스를 잔뜩 발라서 전부 넘겼다. 거기에 명탐정 코난이나 쓸 법한 안경을 쓰고는 물 빠진 청바지를 몸에 쫙 달라붙게 입고 허름한 코트를 펄럭이며 다닌다. 가끔씩 교수 아버지 차를 몰고 등하교를 하는 게 목격되었으며, 자랑 같지도 시위 같지도 않은데 그 당시 초등학생들도 들지 않는 보온도시락 통을 어깨에 메고 학교에 온다. 미소와 매너는 다른 과 여학생들과만 주고받는 모양이다. 이건 뭐, 이대로 그냥 쭉 가면 될 사람이다.

그렇게 데면데면하던 그와 내가 어쩌다 운동장 스탠드에 나란히 앉게 되었다.

가로등이 먼저 켜지고 어둠이 나중에 찾아온 아직 그리 쌀쌀하지 않은 가을 저녁. 처음부터 끝까지 귀신 쫓는 아버지 얘기만 하는 그 친구의 이야기가 어쩌나 재미있던지 나는 "정말? 정말? 그래서? 그래서? 어머! 어머! 진짜? 진짜?" 하며 감탄사만 연발했다.

우리 학교 영문과 교수이기도 한 그의 아버지는 장로교 합동교단의 장로이신데, 여러 교회에 초청되어 말씀을 전하고 기도회를 인도하며 축사와 신유 사역도 하신다고 했다. 그동안 아버지의 가방을 들고 따라다니며 보고 들은 이야기들을 해주는데, 이제까지 내가 몸담아 온 교회에서의 신앙생활과는 전혀 다른 세계의 이야기였지만 얼마나 재미있고 흥미진진했는지 그 차가운 시멘트 바닥에 앉아서 사방이 깜깜해지는 줄도 몰랐다.

집으로 오는 버스 안에서 그 친구의 이야기를 혼자 다시 재생시켜보았다. 그러자 빤질빤질하게 무스 바른 머리와 멋없는 안경, 덜거덕거리는 도시락 통은 사라지고 사심 없는 눈빛과 반듯한 말씨, 안정된 목소리가 그날 밤 달처럼 둥실 떠올랐다.

나는 그의 이야기를 계속 듣고 싶었다. 그는 갑자기 착 달라붙어서 얘기하러 나가자는 나를 심히 경계했으나, 벗됨으로 인하여서는 아닐지라도 그 간청함을 인하여 가을밤 벤치나 카페에 마지못해 끌려나왔다. 그러나 일단 앉기만 하면 침묵도 어색하지 않았고 이내 술술 풀리는 대화가 참 즐거웠다. 얼마나 이야깃거리가 많던지. 이야기를 듣다가 문득 드는 생각이나 질문을 던지면 그것을 진지하게 받는 그의 태도도 마음에 꼭 들었다. 무엇에 대한 관심이었을까? 전해주는 내용이 신선하고 재미있어서 그의 이야기에 푹 빠져 있다가 서서히 내용보다는 전달자로 관심이 옮아갔고 결국 보석 같은 이야기를 잔뜩 갖고 있는 그 사람을 사랑하게 된 것 같다. 내 안에 사랑이 언제 시작되었는지 꼽아보면 늘 모호했고, 바로 그때라고 말하고 싶은 때를 떠올리면 이미 우리는 묶여 있었다. 그 매듭의 이름은 운명, 아니었을까?

제1부

첫 인사

1992년 가을.

이 가을 학기가 지나면 우리는 졸업이었다.

단풍은 아직 윗녘에서 내려오지 않은 초가을의 캠퍼스.

졸업 이후의 진로를 위해 급조된 스터디 그룹이었던 우리는 점심을 먹고 한숨 돌릴 겸 미리내 다리 쪽으로 산책을 나갔다. 앞서가던 남자 친구 둘이 누군가에게 깍듯이 인사를 드린다.

그중 한 친구의 아버지인 우리 학교 영문과 교수님이시란다.

효원회관 쪽에서 점심을 드시고 미리내 다리 옆 인문대로 내려오시는 중인가 보다. 뒤따라가던 우리도 인사를 드렸는데 교수님은 가을볕을 받아 환히 빛나는 미소로 친구들 사이에 말없이 서 있는 나를 향해 먼저 아는 척을 해주셨다.

"네가 에스더구나!"

얼마 전에 자기 집안의 신앙 이야기를 잠깐 해주었던 그 친구가 집에

가서 내 이야기를 한 모양이다.

내 이름을 이렇게 부드럽고 친근하게 불러주시다니.

처음 본 그 교수님께 마음 문이 스르르 열렸다.

21년 뒤 2013년 가을.

그분은 천국으로 가셨고, 나는 그분의 마지막을 배웅해드렸다.

미래를 가려놓으신 하나님은 이 모든 것을 알고 계셨으리라.

그래서 그 순간을 준비하셨던 건 아니었을까?

걸음이 굉장히 빠른 아버님과 걸음이 굉장히 느린 내가

미리내 다리 앞에서 만나 첫 인사를 나눌 수 있도록.

갈망

우물가의 여인은 자신의 과거를 다 맞춰버린 예수님을 향해 다소 엉뚱한 질문을 한다.

"도대체 저는 어디서 예배를 드려야 하나요?"

여인의 처지로 보아 '저는 언제 진정한 사랑을 만날 수 있나요?' 라든가, '제가 어떻게 해야 용서를 받고 이 지경에서 벗어날 수 있을까요?' 같은 질문을 해야 할 것 같지만, 정작 여인은 어디에 가서 하나님을 찾아야 하는지를 묻고 있다.

이 대목에서 우리는 여인의 영적인 갈망을 볼 수 있다.

그러고 보니 예수님께서는 여인 자신도 규명하지 못했던 정체 모를 갈증을 이미 꿰뚫어보시고 그 영혼의 타는 목마름을 해갈시켜 주시려고 먼저 물을 좀 달라며 말을 거신 건 아니었을까?

시어머니의 하나님에 대한 룻의 갈망이

이스라엘의 여호와에 대한 라합의 갈망이

약속된 메시아, 구세주에 대한 마리아의 갈망이

그녀들이 자신의 미래를 과감하게 던질 수 있게 했던 것일까?

대학교 4학년.

그 가을 저녁이 이어지던 어느 날 마침내 나는 내 안에 이는 소용돌이의 정체가 바로 영적 갈망이라는 것을 깨닫게 되었다.

모든 것을 집어삼킨 그 소용돌이.

모든 관계를 포기하게 하고 돌아서게 하고, 타인은 물론이고 나 자신에게도 함부로 굴며 나는 끝없이 후회해야 했다. 내가 무엇을 기대하고 있는지, 무엇을 위해서 살고 있는지조차 몰라 심히 혼란스러워하던 시절이었다. 나는 무엇으로 그 소용돌이를 잠재울 수 있는지 몰라 깊은 절망에 빠져 있었다.

귀신 이야기를 하는 그 친구를 보며 내가 느꼈던 예감은 해결이었나, 해갈이었나.

내가 무엇에 목말라하고 있었는지, 얼마나 목말라하고 있었는지 깨닫고 나니 그제야 비로소 안개가 걷히고 길이 보이는 것 같았다. 살 것 같았다.

그날 저녁에 이런 일이 있었다고 한다.

책상에 앉아서 연구하시는 아버지 뒤에 서서 그 친구가 "아버지, 드릴 말씀이 있습니다" 했더니, 아들을 돌아보지도 않고 "말해라" 하셨다.

"저, 에스더랑 결혼해야겠습니다"라는 말에 아버지는 바로 의자를 돌려 아들을 보고 푹 웃으며 말씀하셨다.

"같이 살면 다 결혼이냐? 결혼하면 뭐라도 해서 먹고 살아야 하는데, 너 뭘 해서 먹고 살래?"

"저는 계속 공부를 해야 하니 지금이나 십 년 뒤나 상황이 크게 달라질 것 같진 않습니다."

"…그렇네. 그럼 그 집에 연락해라. 내일 청혼하러 가자."

귀신 이야기 하는 남자에게 홀려서 졸졸졸 따라다니기를 3년. 내일이면 그 남자의 부모님이 우리 부모님에게 청혼을 하러 오신다는 전화를 받았다.

행복했다.

그동안 대부분의 데이트를 서로의 집을 오가며 가정방문하듯이

해온 덕분에 두 집안이 만났는데도 큰 긴장은 없었다. 청혼을 하러 왔노라는 말씀에 우리 부모님은 우리 딸이 많이 부족하다고, 제대로 할 줄 아는 게 없다고, 다만 사랑해주시기를 바란다며 기쁘게 청혼을 받으셨다. 햇빛이 환하게 쏟아져 들어오는 방에서 식사와 환담과 웃음이 오가던 초봄의 그날, 우리는 양가의 축복을 듬뿍 받았다. 우리 두 사람이 부모님으로부터 받을 수 있는 축복은 그날 다 받은 것 같다는 생각이 든다. 겨우 이십 대 중반이었던 우리가 어떻게 흡족할 수 있으며 얼마나 든든할 수 있었으랴만 그날 나는 그분들의 눈에서 조금의 불안과 의심도 느끼지 못했다. 돌아보니 참 감사하다. 다만 병이 깊었던 친정아버지가 이 좋은 날, 말 한마디 못하고 겨우 앉아만 계시는 것이 못내 마음에 걸렸다. 모임을 파하기 전에 엄마가 아빠께 당신도 한 말씀 하시라고 권하니, 아빠는 굳은 얼굴로 딱 한 마디 하셨다.

"아깝다."

순간 찬물을 끼얹은 듯 정적이 흘렀다. 청혼을 하러 온 분들은 점잖게 일어나서 아무 말도 못 들은 양 인사를 하고 돌아가셨다.

얼마나 놀랐는지 가슴이 철렁했다.

일이 잘못되면 어쩌나 싶기보다는 몸이 굳는 병이 이제 너무 깊어져 마음까지 굳은 건가 싶어서 심란했다. 아빠는 온유하고 상냥하며 누구에게나 예의를 갖추어 친절하게 대하는 분이었다. 비록 지금은 병색이 짙은 얼굴로 표정 없이 앉아 계시지만 외동딸인 내 결혼을 누구보다 기뻐하고 사윗감을 깊이 사랑할 분이시다. 그런데 이런 중요한 자리에서 그런 말씀을 내뱉듯 하시다니….

당황한 얼굴로 그의 부모님을 배웅해드리고 혼자 계신 아빠께 가보았다.

아무리 매만져도 금세 다시 환자의 머리 모양이 돼버리는 머리 카락을 쓸어올리며 아빠의 얼굴을 바라보았다. 혹시 마음에 안 드는 게 있었는데 그동안 말씀을 못 하신 건 아니었나 하는 생각에 조심스럽게 여쭈었다.

"아빠…, 왜 그러셨어요? 내가 아무리 아까워도 그렇지, 그 자리에서 그렇게 말씀하시면 어떻게 해요?"

아빠는 참 딱하다는 표정으로 나를 보며, "너 말고, 신욱이" 하셨다.

"…내가 아니라 신욱이가 아깝다고요?"

"그래" 하시며 푹 웃으셨다.

너무 기가 막혀서 그 아픈 아빠의 등을 찰싹 때리며 소리를 냅다 질렀다.

"아빠는… 내가 아깝지, 걔가 뭐가 아까워?"

남편은 대학교 1학년이 되던 해 겨울 수련회 중에 "나를 위해 일해 주지 않겠니?"라는 하나님의 음성을 들었다고 한다. 하지만 목사가 되고 싶지 않았던 남편은 그 음성을 못 들은 척 딴청을 피우다가 대학교 4학년이 되어서야 진로를 놓고 고민에 빠진다. 그래서 시작한 금식기도 첫날, 하나님은 4년 전에 처음 부르셨던 그 장면을 다시 또렷이 보여주신다. 남편은 그제서야 마지못해 하나님의 뜻을 받아들이기로 했단다. 이 사실을 아버님께 처음 말씀드렸을 때 아버님은 의외로 완강히 반대하셨다고 한다. 남편이 "아버지는 말년에 아버지 하시고 싶은 목회하시면서 왜 저는 반대하십니까?" 했더니, 아버님은 "우리 집안에 목사가 나 하나면 되지, 왜 너까지 목사가 되려고 하느냐"고 대꾸하셨다. 아들이 받고 온 기도응답만으로는 아버지를 설득할 수 없었다. 그래서 온 식구가 함께 금식하며 하나님의 뜻을 구하자면서 기도원으로 향했는데, 그곳에 간 첫날에 아버님과 어머님, 그리고 두 형제는 하나님의 뜻이 장남이 목회자가 되는 데 있다는 것을 받아들이게 된다.

그렇게 해서 남편은 앞으로 목회자가 되는 것으로 정해져 있었다. 이후 남편은 속풀이라도 하듯 일반 대학원에서 2년 동안이나 법

공부를 더 하고 나서야 도살장에 끌려가는 소처럼 신학대학원으로 가게 된다. 나는 이런 일들이 결정될 즈음에 그를 알았기 때문에 내 입김이 들어갈 여지는 전혀 없었고, 남의 일 같지 않았지만 남의 일 보듯 할 수밖에 없었다. 아버님이 반대하셨다는 말은 나도 의외였다. 가장 기뻐하며 격려해주실 것 같았는데 반대라니, 어떤 마음에서였을까. 알 수 없었다.

아버님은 젊은 시절부터 섬기는 교회를 위해서라면 무엇이든 할 수 있는 모든 것을 헌신해왔다. 그리고 중년에는 신학을 공부해 목사 안수까지 받고 교회를 개척했는데, 성경공부 모임을 몇 개나 인도하며 성도들의 신앙 성숙에 온 힘을 쏟았다. 아버님은 어떤 것도 허투루 하는 분이 아니어서 무엇을 하든 남들보다 몇 갑절은 더 많은 노력을 들여서 했다. 복음에 사로잡힌 십 대 때부터 하나님을 섬기되 진심으로 열정적으로 섬기던 분인데, 어째서 장남에 대한 그분의 부르심에는 거부반응을 보이셨을까? 장남을 통해 노후를 보장받고 싶었던 것이라면 왜 한창 공부할 나이인 중고등학교 시절에 늦게까지 공부하는 걸 말리셨겠는가? 곤히 자는 고3 아들을 깨워서 새벽기도에는 데리고 나갈지언정 "공부 많이 해봐야 나처럼 머리카락 빠지기밖에 더하겠느냐" 하며 밤늦게까지 공부하는 걸 늘 말리셨다고 한다. 남자들은 한 번쯤 해보고 싶어 하는 건설현장 일용직 아르바이트를 해보겠다는 아들에게 "네 체력으로는 약값이 더든다. 그 돈 내가 줄 테니 너는 공부나 해라"라고 하셨단다. 공부를 하겠다고 하면 공부를 말리고 일을 해보겠다고 하면 일을 말리시더니, 나중에는 목사가 되겠다는 것도 말리신 것이다.

남편이 담임목회를 할 때 가끔 본가에 가면 아버님은 "너, 거기 목회 힘들면 여기 내려와서 나랑 함께하자"는 말씀을 자주 하셨다. 힘든 내색은 전혀 비치지도 않았고, 힘들다는 생각도 하지 않았을 때였는데 아들을 보면서 무엇을 읽고 무엇을 짐작하셨길래 그런 말씀을 하셨을까? 젊은 나이에 덜컥 담임목회를 맡게 된 우리의 상황이 짐작 못할 바는 아니었겠지만 그렇게 이야기해주는 아버지가 계시다는 사실에 남편은 참 복이 많은 사람이라는 생각이 들었다. 많은 사람들이 남편이 더 열심히 달려가기를, 더 뛰어나게 잘하기를, 더 높이 오르기를 바랄 때 남편에게 이제 그만 쉬라고, 자라고, 그만하면 충분하다고 이야기해주는 사람은 아버님밖에 없었다.

많지 않은 사진이지만 남편이 태어날 때부터 중요한 순간순간을 담아 메모와 함께 곱게 붙여두신 사진첩이 있다. 이 사진첩을 보면 우리 아버님이 전형적인 자수성가형의 잔소리 박사였다는 게 도

무지 믿기지 않는다. 며느리인 내 눈에는 그분의 따뜻한 사랑, 넘치
는 사랑만 보인다. 그런 아버님이 지금 안 계신다. 남편이 기댈 곳
이 없다.

고독한 자수성가

논산시 양촌면 석서리. 진주 강씨 박사공파 사람들이 집성촌을 이루어 사는 마을로 아버님의 고향이다. 이곳은 가난하지만 인정 많고 순박한 사람들이 모인 시골마을이다. 특출난 자식 하나를 용으로 만들기 위해 온 집안이 희생하고 헌신하는 면으로 본다면 아버님은 용이라기보다 차라리 길 잃은 한 마리 어린 양에 가까웠다. 한 집안의 명실상부한 장손이었음에도, 중학교를 1등으로 졸업한 재원이었음에도 아버님은 오직 가난하다는 이유만으로 상급학교 진학을 포기해야 했다. 친구들이 교복 입고 공부하러 학교에 갈 때 아버님은 나무하러 지게 지고 산에 가야 했다. 등교하는 친구들을 외면한 채 마을 어른들을 따라 산에 오르면, 처음 져본 지게가 등에 착 달라붙지 않고 등 뒤에서 자꾸 덜거덕거렸다. 이 신입 나무꾼을 향해 어른들은 "지게 귀신이 등에 붙으면 절대로 안 떨어지니 지게 귀신 붙기 전에 얼른 공부를 다시 시작하라"고 하셨단다. 그 이야기를 듣는 소년의 마음은 어땠을까? 막내를 대학에 보내느라 정작 집안 장손은 공부를 포기하게 한 그 부모의 마음은 또 어땠을까? 나라가 가난했으니 모두가 가난한 시절이었다지만 자식을 공부시키고 싶은 부모의 마음과 자신의 미래를 꿈꾸는 소년의 마음이 가난하다고 해서 어찌 요즈음과 다르겠는가.

　가난과 무지로 어둡기만 했던 조선을 비추기 시작한 복음의 찬
란한 빛은 100년이 훌쩍 넘어서도 꺼지지 않고 충청도 외진 시골마
을의 가난하고 서러운, 앞길 막막한 소년에게도 이르렀으니 하나님
의 은혜 중 은혜였다. 이 시절 아버님은 라디오를 통해 복음을 듣고
동네에 있는 교회에 제 발로 찾아가 예수님을 영접하였다. 교회 전
도사님과 대화를 나누며 꿈을 품었고, 학업을 이어갈 수 있는 길을
모색하다가 공주에 있는 영명고등학교를 찾았다. 학교에 사정을 털
어놓고 실력을 보인 뒤 장학금과 생활보조금을 받고 공부할 수 있
게 되었다. 요즘 대학입시에 있는 자기추천전형의 효시라 할 수 있
겠다. 공부의 길은 열렸지만 이제 제 힘으로 생활비를 벌어 쓰며 공
부까지 해야 하는 고학생이 된 것이다.

　거처가 마땅치 않아 남의 집 쪽마루에서 자다 밤새 모기에 물
린 이야기. 새벽기도회 시간을 맞춰 종을 쳐야 하는데 소변이 마려
우면 깨기가 쉽겠지 싶어 물을 잔뜩 마시고 잔 이야기. 그릇집 점원
으로 일하다 동상에 걸린 이야기. 대학생 입주과외 선생인 자신에
게 멀건 콩나물국만 끓여주던 식모 이야기. 그래서 그 이후로 콩나
물국은 물론 콩나물 무침도 싫어졌다고 하시던 이야기. 들을 때마

다 대목대목 굽이굽이 크게 한숨 쉬고 탄식하며 듣느라, 당신이 넘어오고 지나온 이야기 줄기들을 또렷하게 기억하지 못하는 머리 나쁜 며느리가 여기에 다 쓰지도 못할 만큼 많은 고생들이 아버님 인생에서 계속 이어진다.

그렇게 고등학교를 졸업하고 대학입시를 준비할 때였다. 서울대학교 영문과를 갈까, 미션스쿨인 연세대학교 영문과를 갈까 고민하며 기도하자 하나님께서 꿈에 '연세대학교'라고 쓰여 있는 수학 시험지를 보여주셨다고 한다. 두 문제가 보였는데 그 꿈 따라 연세대학교를 선택해서 가보니 정말 똑같은 문제가 시험에 나왔단다. 그 얘기를 듣고 있던 우리는 "에이~ 그래도 서울대학교를 가셨어야죠~" 하고 못난 소리들을 했지만, 아버님은 그렇게 단순하고 신실하게 하나님을 믿었다. 대학 졸업 후 모 신문과 모 방송국 기자 시험에 합격해놓고 고향에 가서 아버지께 "어느 곳으로 갈까요?" 하고 여쭈니, "너 '놈'자 소리 듣는 기자를 하려느냐? (그 시절엔 그런 일이 있었나 보다) 그러려면 고향에 내려와서 나랑 같이 농사나 짓자"고 하셨단다. 아버님은 그 말에 순종하여 "그럼 제가 선생을 하는 건 어떻습니까?" 하고 여쭈었더니 그건 좋다고 하셨단다. 그래서 아버님은 고등학교 영어선생으로 사회에 첫발을 내딛었다.

유교 전통을 엄격하게 지켜온 집안에서 예수를 믿는 장손은 아무리 잘났어도 핍박의 대상이었다. 집안 제사에 장손이 절을 하지 않는 건 있을 수 없는 일임을 잘 알았지만 기독교 신앙을 가진 아버님은 절을 할 수 없어 작정하고 사흘을 금식하며 기도했다. 그러나 어떤 결정도 내리지 못한 채 제삿날은 다가왔고, 다같이 주욱 늘어서서 이제 막 아버님이 절을 하려고 할 때였다. 아버님은 갑자기 구역질을 하기 시작했고 구역질은 기침으로 번져 나중에는 각혈까지 나와 결국 그 자리를 면하게 된다. 이 일이 있고 난 후 아버님은 앞으로 제사상에 절을 하지 않겠다고 선언했고, 그런 종손을 매로써 엄히 다스리려고 갓을 쓴 집안 어르신들은 작대기를 들고 흰 수염을 날리며 몰려왔다. 그날, 아버님은 그분들 앞에서 복음과 함께 살아 계신 부모님께 하는 효도가 참 효도임을, 그리고 죽은 조상에게 지내는 제사는 무의미함을 설파했다. 그 방백의 전문을 여기에 실을 수만 있다면 얼마나 좋으랴. 하여간 어찌된 영문인지 백발의 노인들은 모두가 한마음이 되어 "네 말이 옳다. 너는 그렇게 살아라. 허나 우리는 여태까지 이렇게 살았으니 어찌 바꿀 수 있겠느냐" 하시며 다들 조용히 돌아가셨다고 한다.

누군가는 이 장면에서 승리를 보겠지만 나는 고독을 본다. 복음이 나에게는 복음이지만 저들에게는 저주가 아닌가. 구원이 나에게는 빛이지만 저들에게는 어둠이요, 저주요, 스올의 입일 뿐이다. 이 사실을 알고 있는 사람이니 고독할 수밖에. 자신에게만 쏟아지는 복음과 구원의 빛 안으로 가족들을 들어오게 하려는 목표가 이후 아버님이 하신 모든 선택의 이유가 된다. 결혼까지도.

아버님은 자신의 아내이자 한 집안의 맏며느리가 될 사람, 그리고 아무도 예수님을 믿지 않는 자신의 집안에 들어와 함께 복음을 전할 동지를 찾아야 했다. 서울에 있는 명문 대학을 다니며 시대를 앞서가는 교양 있고 세련된 여성들을 많이 보았지만, 자신만을 생각할 수 없었던 아버님은 감정에만 이끌려 하는 결혼은 원치 않았다. 하루는 고향집 마루에 앉아 누구와 결혼해야 하나 고민하며 하늘을 쳐다보는데, 파란 하늘에 황금색 글씨로 같은 고향 교회에 다니는 한 자매의 이름 석 자가 나타났다. 이럴 수가! 이 대목에서 나는 정말 깜짝 놀라지 않을 수 없었다. 아버님은 눈을 동그랗게 뜨고 정말이냐고 묻는 내 얼굴은 쳐다도 보지 않고 정말 그랬다고 하셨다. 그래서 그 길로 그 처자의 집을 찾아가니 장차 장모가 될 분이 "아, 자네가 왔는가, 지난 밤 꿈에 오늘 내 딸에게 청혼할 사람이 올 거라고 해서 기다리고 있었네" 하셨다나. 이 무슨 전래동화 속에나 나올 법한 이야기란 말인가. "네? 정말요?" 조금 전보다 더 커진 내 눈을 보시며 그게 뭐 그리 놀랄 일이냐는 표정으로 아버님은 말씀을 이으셨다. 그래서 약혼하고 결혼하셨다고. 헐~ 대~박!

두 분의 약혼 사진이 몇 장 남아 있다. 조그만 흑백사진을 자세히 들여다보면 어머님은 약혼하는 날인데도 전혀 꾸미지 않았고 수수하다 못해 어디 아픈 것 같아 보여서 "어머니, 이날 어디 아프셨어요?"라고 묻기까지 했을 정도였지만, 아버님의 얼굴은 행복해 보이고 어머님도 수줍게 미소 짓고 계신다. 약혼한 날 두 분이 천변에 나란히 앉아서 찬송을 부르는 사진에는 아버님이 평소 찬양하실 때 늘 하는 특유의 손동작이 찍혀 있다. 또 다른 사진에는 아버님이 말씀을 가르치시는지, 어머님은 다소곳하다기보다는 공손하게 앉아서 고개를 숙여 듣고 계신다. 이때만 해도 자유연애시대였다. 물론 중매를 통한 결혼이 더 많았지만 본인의 의사가 완벽히 존중받던 시절이었는데도 두 분은 이렇게 결혼을 하셨다니, 순종이 놀라울 뿐이다.

최고의 신랑감에 어울리는 신부였는가를 두고 중년을 훨씬 넘어서까지도 좀체 수그러들지 않는 논란의 한가운데서 언제나 코웃음을 치셨던 우리 어머님.

웃을 수 있는 이유에 대해서는 입을 열지 않으시기에 남들은 그 자신감을 이해하지 못하는 것 같다. 어머님은 애당초 결혼 따위는 할 생각도 없었다고 하셨다. 그저 평생 주님 앞에 예배드리고 복음을 전하며 살고 싶으셨다고 한다. 보건소에서 간호사로 일하며 일찍 과부가 된 친정어머니와 함께 계속 살고 싶었으나 파란 하늘에 자기 이름 석 자가 나타난 걸 보았다는 남자와, 그 남자가 올 거라고 이미 꿈을 통해 암시를 받은 어머니가 짝짜꿍을 했으니. 그것을 뒤엎지 않았던 건 하나님에 대한 신뢰 때문이 아니었을까? 소문난 부잣집 장녀로 태어나 지금 우리 딸들도 못 해보는 완벽한 치장을 하고 아빠와 단둘이 찍은 사진이 있을 정도로 어머님은 한 집안의 천금 같은 보배였다. 비록 그 아빠를 다섯 살에 잃고 완전히 뒤바뀐 환경에서 상실감 속에 자랐지만, 일찍 하나님을 만나고 큰 은혜를 체험한 어머님에게는 기억에도 없는 육신의 아버지와 어린 날 나누었을 것만 같은 친밀하고 은밀한 사랑을 하나님과 나누는 특별함이 있다.

이렇듯 어머님은 아버님에게 천생배필이었다. 자존감이 높고 생활력이 강한 데다 신앙심까지 깊은 여성으로서 어머님은 기꺼이 삶의 궤도를 수정하여 우상잡신을 섬기는 한 집안에 구원의 은혜가 임하도록 하는 데 자신의 삶을 헌신하기로 작정했다. 1969년 1월 28일 함박눈이 쏟아지는 날, 두 분은 결혼을 한다.

그로부터 정확하게 2년 뒤, 역시 함박눈이 쏟아지던 날, 장차 두 분의 맏며느리가 될 내가 태어난다는 사실. 우리, 좀 각별한 사이인가 보다.

춥고 배고프고 외로워서 고달팠던 고학생 시절이 지나가고 번듯한 직장을 가진 한 가정의 가장이 되었으니 아버님에게는 고생 끝 행복 시작이었다. 아버님은 숭실고등학교에서 학생들에게 영어를 가르쳤다. 가르치는 일은 보람 있고 즐거웠으나 그동안 객지에서 힘들게 공부한 탓에 몸이 많이 상하여 한 주간 내내 빡빡한 시간표대로 움직여야 하는 교사 생활은 아버님을 점점 지치게 했다. 무엇보다 그 시절의 서울이 너무너무 추워서 힘들었다는 말씀을 나중에도 자주 하셨다. 난방과 보온이 요즘 같지 않아서 춥기도 했겠지만 서울을 떠나고 싶다고 생각할 정도로 유독 추위로 고생하신 걸 보면 몸이 많이 약해지셨던 것 같다. 추운 서울을 벗어날 방도를 찾던 중에 새로운 직장에 이력서를 넣었고, 인천과 마산에 있는 회사에 각각 채용되었다. 어디로 가면 좋을까 하여 마산에 한 번 내려가 봤는데, 그때 처음으로 바다라는 걸 보니 아버님은 그제야 좀 살 것 같았다고 하셨다.

그렇게 남쪽 지방의 따뜻한 날씨와 탁 트인 바다에 반해서 마산의 한일합섬으로 직장을 정하고 내려가시게 된다. 수출부에서 영어 실력을 마음껏 발휘하며 일하지만 아버님은 얼마 못 가서 본인이

평범하게 직장 생활을 할 체질이 아님을 깨달았다고 하셨다. 그러던 중에 한일합섬 내에 한일여자실업고등학교가 생겼다. 이때다 싶어서 영어 교사로 자원하여 다시 교사의 길로 들어서게 되는데 이후로는 두 번 다시 후학을 양성하는 길에서 벗어나지 않으신다. 이 시절 학교에서 찍은 사진들이 많이 남아 있다. 순박하고 착해 보이는 여고생들에게 둘러싸인 아버님은 사진마다 아주 밝고 크게 웃는 인기 좋은 영어 선생님이었지만, 한편으로는 이렇게 좋은 환경에서 왜 열심히 공부하지 않느냐며 매를 드는 호랑이 선생님이기도 했단다. 여동생이 셋이나 되는 아버님이 그들을 얼마나 열심히 가르치고 아꼈을지 보지 않아도 눈에 선하다.

한일여고 교사로 일하면서 영어를 더 공부하고 싶어진 아버님은 부산대학교 대학원에 진학해 "16, 17세기 영시"라는, 비인기 과목을 전공으로 택하신다. 이때 주위에서는 이왕 공부를 할 거면 교육대학원에 가서 학위를 따놔야 나중에 교장이 될 것 아니냐고 했다지만, 아버님은 그저 영어가 좋아서 어리석다는 소리를 들으면서도 일반 대학원에서 공부를 하셨다고 한다. 한데 이 일이 얼마 지나지 않아 박정희 대통령이 인재 양성을 위해 전국에 세운 일련의 대학들에 필요한 교수의 자격이 되리라고 누가 생각이나 했겠는가. 이후 창원기능대학교 학장이 직접 찾아와서 아버님을 교수로 청빙

했고, 3년 뒤에는 국립대 교수가 되는 경사가 이어진다.

아버님은 정치, 경제, 교육, 문화, 신앙생활의 중심지인 서울에 터를 잡고 일류 대학에서 공부를 하거나 유학을 다녀와서 스펙을 쌓아 소위 성공한 크리스천이 되는 것, 혹은 영향력 있는 크리스천이 되는 것에는 전혀 관심이 없었던 것 같다. 기자가 되는 것을 말렸던 부모님의 뜻을 따라 교사가 되고 난 다음에 이어졌던 결정들을 봐도 성공해서 큰 부를 쌓아보겠다거나 집안을 일으켜보겠다는 의욕도 없었던 것 같다. 그저 당신이 선택한 삶에서 얻은 물질을 쪼개어 식구들을 부양하고 이웃을 도우며 그저 교회를 섬기는 일에 묵묵히 최선을 다했을 뿐이다. 아버님에게 직업이란 국민의 4대 의무 중 하나인 노동의 의무를 다하는 데 필요한 일 정도였던 것 같고, 자신의 본질은 하나님 나라와 교회와 복음을 위해 바치기로 한 게 분명하다. 배운 대로 하라는 대로, 철저하게 실천하는 것으로 유명한 아버님은 교회의 가르침과 전통을 목숨처럼 여기고 지키며 사셨다. 교회의 성장이 곧 우리 가정의 성장이요, 교회의 어려움이 곧 우리 가정의 어려움이라고 믿는, 이 진정성 하나만을 붙들고 살았던 아버님을 하나님께서 긍휼히 여겨 높여주신 것일까? 교사에서 교수로의 큰 변화. 내게는 이 사건이 오병이어의 기적과 비슷해 보인다.

시집살이

내가 한창 귀신 이야기를 들을 무렵 아버님은 교회를 개척하셨고, 청혼이 오갈 즈음에는 독립된 예배 처소를 마련하기 위해 여기저기 알아보는 단계에 있었다. 주일만 자리를 빌려서 예배를 드리던 장소가 집에서 멀기도 했고, 주일에만 모이니 몇 안 되는 교인이었지만 그들의 교회 생활과 신앙 훈련에 한계가 있었기 때문이다. 개척 초기여서 아버님 혼자 모든 것을 결정해야 했다. 사비를 털어 상가를 매입해 예배당을 만들려고 하시는데 눈치를 보아하니 우리 신혼집을 마련해줄 만한 여력은 없어 보였다. 어머님이 신혼 방이라도 마련해주려고 이리저리 알아보셨는데 아무리 찾아봐도 도둑 들게 생긴 집밖에 없다고 난감해하시기에 내가 먼저 시댁에 들어가 살겠다고 말씀을 드렸다. 그래도 되겠느냐고 물으시던 아버님 음성, 미안한 듯 고마운 듯 웃으시던 아버님 미소. 모두 귀에 쟁쟁하고 눈에 선하다.

나는 시집가서 알았다. 대학 교수가 존경받는 직업이기는 하나 돈을 잘 버는 직업은 아니라는 것을. 물론 이때 아버님은 국립대학교 정교수여서 시간표에도 여유가 있고 보장도 좋은 편이었지만 32평 아파트 한 채가 재산의 전부였고 그나마 저축해놓은 돈은 교회에 다 털어 넣기로 작정하고 계셨다. 분양 당시의 내부구조와 인테리어가 그대로 보존되어 있는 오래된 아파트에는 화장실이 하나뿐이었고 이쑤시개 하나 함부로 버리지 않고 모두 애지중지 아끼시는 어머님의 살림이 이미 꽉 들어차 있었다. 다행스럽고도 특이했던 건 남편이 안방을 사용하고 있었다는 것이다. 부모님은 주방 옆에 있는 중간 방을 쓰시고, 작은아들은 현관 입구의 작은 방을 쓰는 상황에서 큰아들 혼자 안방에서 퀸사이즈의 물침대를 쓰고 있다니. 처음부터 그랬던 건 아니고 어쩌다 보니 그렇게 되었다는데 나로서는 큰 수선을 안 떨어도 되니 정말 다행이었다. 그 방에 새로 도배를 하고 장판을 깔고 유일한 혼수품인 장롱 하나를 사 넣으니 이제 혼인예배만 드리면 되었다.

결혼을 하고 시댁에 들어가 살아보니 시댁은 정말 재미있는 집이었다. 안방을 차지한 건 남편이었지만 시댁은 완벽히 아버님을 중심으로 돌아가고 있었다. 하루의 시작과 끝은 아버님의 기상과 취침에 맞추어 움직였다. 아버님이 기상하시면 부엌에서 수돗물도 틀고 가스불도 켜는 등 이런저런 소리가 나도 괜찮았지만 아버님의 취침 이후로는 그 어떤 소리도 나서는 안 되었고 심지어 설거지를 하다가도 그만두어야 했다. 아버님은 수업이 없으면 늘 집에 계셨다. 거실이 곧 서재였기에 아버님이 책상에 앉아서 공부를 하시면 식구들은 모두 쥐 죽은 듯 숨을 죽였고 걸어다닐 때도 발뒤꿈치를 들고 다녀야만 했다. 그럴 때는 아파트 단지 전체가 조용했다. 아랫동네에서는 "냉장고나 세탁기 삽니다" 하는 소리만 멀리서 들리고 집에서는 책장 넘기는 소리만 들렸다. 그러다 아버님이 외출이라도 하시면 식구들은 하던 일을 모두 멈추고 아버님을 배웅할 준비를 해야 했다. 아버님이 신발을 바로 신을 수 있게 돌려놓고 구두주걱을 들고 대기, 현관문을 열고 엘리베이터를 잡아놓고 대기, 그리고 아버님이 엘리베이터에 타시면 모든 식구가(어머님까지) 한 줄로 서서 90도로 허리를 굽혀 안녕히 다녀오시라고 인사를 했다.

식사 때는 당연히 아버님이 대표로 기도하셨고 저녁식사 후에는 가정예배를 드렸다. 가정예배를 시작하자는 명령은 당황스럽게도 "풍악을 울려라"였다. 그러면 각자 방에서 볼 일을 보던 아들들이 단정한 옷에 양말까지 챙겨 신고 일제히 거실로 모인다. 기타를 치며 찬양하는 아들들 옆에서 어머님은 신나게 마라카스(라틴 아메리카 음악에서 쓰는 리듬 악기)를 흔드셨다. 친구 같은 아빠를 둔 나에게 이런 제왕적인 아버지와 알아서 착착 수종들도록 훈련된 식구들을 보는 건 신선한 충격이었다. 어떤 때에는 가족 모두가 함께 잘 짜인 연극을 하는 것 같은 기분이 들 정도였다.

이 무렵 아버님과 어머님은 본격적인 목양을 시작했는데, 아버님은 교수와 목사를 동시에 겸하고 계셨기에 늘 갑절의 노력과 수고가 뒤따랐다. 학교에서는 맡겨진 학생들을 열심히 가르쳤고, 수업 후에 혹은 수업이 없는 날에 심방을 하고 성경공부 모임을 인도했다. 두 분이 항상 함께 다니셨기에 어머니는 거의 매일 화장을 하고 이 더운 날씨에 무슨 옷을 입나 고민하다가도, 나가기 직전까지 책상에 앉아서 성경을 읽다가 번개같이 일어나 나가시는 아버님 때문에 늘 급하게 뒤따라 나가시곤 했다. 오랜 신앙생활의 타성에 젖은 사람들을 흔들어 깨우는 것이 특기였던 아버님 덕분에 예배마다 모임마다 눈물바다요 은혜가 넘치니 집으로 돌아오시는 두 분은 늘 상기되어 있었고, 그 모습을 뵙는 건 참 기분 좋은 일이었다. 지금 생각해보면 그때가 두 분의 전성기였던 것 같다.

베데스다 교회 이야기

아버님이 개척한 교회의 이름은 베데스다 교회였다. 기도원이라 해도 믿을 법한 이름의 이 교회에는 아버님만의 독특한 신앙색이 뚜렷이 담겨 있었다. 우리가 결혼할 즈음 예배 처소를 집에서 가까운 해운대에 마련하면서부터 교회는 모든 면에서 교회다운 면모를 제대로 갖춰가기 시작했다. 나는 이미 지역교회로 자리를 잘 잡은 교회에서 태어나 결혼해 떠나올 때까지 그 교회만 다녔기 때문에 베데스다 교회는 내 인생에 또 하나의 교회라는 측면에서도 새로웠다. 더욱이 개척교회라 일꾼이 부족한 덕에 그동안 친정교회에서 배우고 익히고 갈고 닦았던 실력을 아낌없이 발휘할 수 있었던 것도 정말 신나는 일이었다.

교회의 모든 모임에 참석하는 것은 물론이요, 목회자인 아버님의 영향으로 나는 복음의 더 깊은 세계에 눈을 뜰 수 있었다. 이제까지 지식적으로 차곡차곡 쌓아온 신앙 위에 타협도 주저함도 없이 삶으로 온전히 드러나는 순종과 실천을 요구하는 설교 앞에서 매 순간 각성하고 결단하는 시간이 이어졌다. 개척교회였기에 어린아이부터 노인에 이르기까지 모두 한자리에 모여서 예배를 드렸지만, 예배의 집중도는 타의 추종을 불허할 정도였다. 이 시기에 받은 인상이 너무나 강렬하여 나는 내 첫 번째 책『성경 먹이는 엄마』에 베데스다 교회의 예배 모습을 아주 자세히 적었다. 이 교회의 개척 시기를 함께 보내며 섬길 수 있었던 것은 하나님께서 내게 주신 큰 복이다. 개척교회가 어떤 사명을 갖고 있는지 보고 배울 수 있었고, 교회가 어떻게 세워져 가는지, 교회를 허물려는 원수가 어떤 식으로 일을 벌이는지를 가까이서 지켜볼 수 있었다.

그러나 이 교회에서 가장 행복했던 건 뭐니 뭐니 해도 찬양 시간이었다. 아버님이 찬양을 인도하시고 나는 피아노 반주를 했다. 아버님은 손을 곧게 뻗어 강대상을 가볍게 두드리며 특유의 탁성으로 찬양을 하셨다. 그 박자와 가락과 분위기와 흥에 맞추어 반주를 하다 보면 아버님과 내 영이 찬양 안에서 서로 짝짝 맞아 들어가는 짜릿한 희열을 맛볼 수 있었다. 아버님이 즐겨 부르시는 찬송들은 주로 정해져 있었지만 여느 목사님들에 비해 선곡의 스펙트럼이 넓은 편이었다. 별다른 멘트 없이 십여 곡이 넘는 찬양을 힘차게 이끌어가다가 "주여" 하고 큰소리로 외치고 합심기도에까지 이르면 나도 반주로 같이 기도를 올리는 영적 하모니가 이루어졌다. 아버님께는 한 번 은혜받은 찬송을 무한반복해서 부르는 끈기가 있었다. 그러니 아버님의 레퍼토리는 어린아이들까지 다 꿸 정도였다.

알고 보니 아버님은 음악을 사랑하는 분이었다. 아버님이 입학한 고등학교는 가난한 학생들의 학업을 도와주는 차원의 학교였기에 제대로 된 음악 교사가 없었다. 음악 교사가 없으니 자연히 음악 수업도 없었다. 노래가 부르고 싶었던 아버님은 혼자 악보를 보고 건반을 치는 연습을 했다. 그리고는 학교에 있는 조율 안 된 피아노로 음악 교과서에 나오는 모든 곡을 오른손으로 더듬더듬 가락만 짚어가며 불러보셨다고 한다. 이게 너무 재미있어 나중에는 한국 가곡과 외국 가곡들까지 다 찾아서 불러봤다고 하셨다. 이 이야기를 들으니 아버님이 왜 청소년기의 아들들에게 아침마다 명 성가를 들려주었는지, 오래된 클래식 음반들이 왜 아버님 책장 한 켠을 차지하고 있는지 그 이유를 알 것 같았다. 더불어 나와 아버님 사이에 있었던 음악적 에피소드들도 다 이해할 수 있었다.

여러 집회에서 찬양 반주를 해봤지만 나와 가장 잘 맞는 찬양 인도자는 학창 시절 제대로 된 노래 한 번 불러보지 못해 기본적인 발성이 트이지 못한 탁성의 소유자, 모든 음의 음정을 사이좋게 약간씩 떨어지게 부르는 우리 아버님이다. 아버님은 하나님께 은혜를 받은 사연이 있는 찬양은 간증과 더불어 여러 차례 반복해서 부르며, 진심을 담아 새 술에 취한 듯 뜨겁게 찬양하셨다. 성령이 인도

하시는 대로 찬양을 선곡하여 거침없이 이어나가던 그 에너지를 따라가다 보면 나도 어느 순간 모든 것이 사라진 우주 공간 속에서 혼자 피아노로 뜨겁게 찬양을 드리는 기분이 들곤 했다. 어쩌면 피아노를 치지 않고 춤을 추었다면 겉옷이 벗겨졌을지도 모른다. 이런 교감을 나눴던 찬양 인도자와 반주자. 우리는 그런 사이였다.

조그만 상가교회. 아래층 빵집에서 빵 굽는 냄새가 고소하게 올라오던 그 작은 예배당에 아버님의 마이크 소리 너머로 어린아이들의 찬양소리가 낭랑하게 울려 퍼지던 그때 그 교회가 지금 무척 그립다.

어머님은 늘 밝은 모습으로 아버님의 동역자 역할을 철저하게 해냈다. 뒤늦게 시작한 목회였지만 그동안 신앙생활을 해오면서 그려 왔던 이상적인 교회를 이루어가기 위해 두 분은 시간과 열정과 눈물을 아낌없이 쏟아냈다. 이미 믿음 안에서 장성한 두 아들과 함께 온 식구가 새롭게 탄생한 교회를 섬기는 행복한 가정이었다. 덩달아 나도 행복했다. 그 시절 어느 날, 어머님께 여쭤보았다. "어머니, 아버님이랑 결혼하셔서 행복하셨어요?" 분명 행복하시다는 확신이 있었으니 얼마나 어떻게 행복했는지 듣고 싶어서 여쭤본 것이었다. 그런데 매우 의외의 대답이 돌아왔다. "우리라고 그런 때가 없었겠어?" 착 가라앉은 어머님의 미소를 보며 나는 그분을 다시 보기 시작했다.

든든한 직장이 있었다지만 가난한 시작이었고 그 가운데서 장손 역할, 교사 역할, 그리고 교회 집사 역할을 하느라고 신혼집 문턱은 빠르게 닳아갔다. 친정어머니와 둘이서만 조용히 지내온 어머님으로서는 친척들이며 제자들이며 끊임없이 손님들이 찾아오는 대식구 살림이 벅찼을 것이다. 좁은 방을 함께 쓰고 소박한 밥상을 빠듯하게 차려내면서도 어머님은 예수님을 믿는 사람이 본을 보여야 하고 복음을 전하는 데 방해가 되어서는 안 된다는 굳은 신념을 붙들고 한 남자의 아내 역할을 묵묵히 감당해냈다. 그러나 아버님은 아내의 이런 고충을 자상하게 헤아리고 따뜻하게 위로하기보다는 침묵으로 일관해 어머님을 서운하게 했다. 어머님은 섭섭하고 야속해도 참는 게 이기는 것이라고 믿고 살아왔다고 하신다. 척박한 땅. 가시덤불과 엉겅퀴가 수북하고 큰 돌 작은 돌이 푹푹 박혀 있는 잡초만 무성한 이 신앙의 불모지에 복음의 씨앗을 뿌리기 위해 돌을 들어내고 가시덤불을 뽑아내며 맨손으로 땅을 개간해야 했던 아버님과 어머님에게 현실의 자잘한 어려움과 상처들이 왜 없었겠는가마는, 두 분은 그것을 솔직하게 꺼내보지도 못하고 사셨다. 혹시 그것이 이 거룩한 사명에 어울리지 않는다고 스스로 입을 틀어막았던 건 아니었을까?

결혼해서 같이 살기만 하면 저절로 금슬 좋은 부부가 되는가? 관계 중에 가장 난해하고 황당한 관계가 부부 관계가 아닌가! 나는 그렇게 생각한다.

친구 관계를 생각해봐도 30년쯤 된 친구, 20년이 넘은 친구, 10년 정도 사귄 친구와 그렇게 긴 세월을 함께할 수 있었던 건 서로에 대한 호감만으로는 어림도 없는 일이다. 호감이 우정이 되고 우정이 애정이 되어 그 친구가 없는 내 인생을 상상하기 어렵게 되기까지는 반드시 거쳐야 할 단계가 있다. 그것은 바로 냉각기를 지혜롭게 해결하는 일이다. 좋은 친구를 얻기 위해서는 관계 초기의 과시나 허세와 그에 따른 오해가 낳은 길고 짧은 냉각기를 반드시 잘 이겨내고 풀어내야 한다. 아무리 좋은 사람들이 만났더라도 인간인 이상 자기를 포장하기 마련인데 그 포장을 풀기도 전에 작은 실수에 크게 실망하고 조그만 실언에 전 인격을 다 본 것처럼 관계를 접어버린다면 좋은 친구를 얻기는 힘들 것이다. 사람 자체에 대한 호감과 그 호감을 주는 인격에 대한 믿음이 있다면, 오랜 시간이 걸릴 것을 각오하고 물리적 거리와 심정적 거리감이 찾아와도 흘려보낼 건 흘려보내고 꼭 잡아야 할 건 붙들고 놓치지 않아야 한다. 그렇게 함께 크고 작은 일을 겪노라면 서로 아끼고 존경하는 진짜 친구를 얻을 수 있을 것이다. 진실한 우정을 쌓기 위해서도 오랜 세월을 거친 이해와 용납이 필요한데 하물며 결혼이랴.

서로에 대한 사랑으로 결혼이 이루어지지만 그것만으로 결혼이 저절로 완성되지는 않는다. 사랑, 그것은 시작일 뿐이다. 2, 30년씩 우정을 끌어가는 것도 물론 힘든 일이지만 그래도 우정에는 쉬어가는 시간이 허용되는데 반해 결혼은 그럴 수가 없다. 냉각기를 가질 수도 없고 냉각기라는 것이 있어서도 안 될 것 같은 결혼 생활. 다른 인격과 연합하여 하나를 이루어야 하는 이 엄청난 수고를 거리도 두지 않고 휴식도 없이 계속해야 하다니.

또, 연애와 결혼은 얼마나 다른지. 연애할 때는 우리가 서로 얼마나 비슷한 사람인지 매 순간 감격하지만 결혼을 하고 나서는 우리가 서로 얼마나 다른 사람인지, 그래서 얼마나 불편하고 황당한지 매 순간 절망한다. 우리 부부는 둘 다 이 절망 위에 기름을 확 끼얹고 불을 지피는 것을 주저하지 않았다. 시작은 언제나 대화였다. 내 고충을 좀 알아달라고 조심스럽게 이야기를 꺼내면 저쪽에서는 그럼 내 이야기도 한 번 들어보겠느냐고 들이대는데 그 모습이 아주 유치하고 치사해 보였다. 그 옛날에는 이야기로 나를 눈멀게 하더니 이제는 같은 입으로 나를 완전 뚜껑 열리게 한다. 대화는 허무하게 끝나고 전쟁이 시작된다!

한 남자와 부부가 되어 사는 일이 아이 넷을 키워서 사람 만드는 것보다 훨씬 더 힘들고 괴로웠다. 부부 사이에서 일어나는 충돌은 차마 말로 꺼내기 어렵고 민망한 것들이 대부분이다. 아니면 이런 걸 꼭 말로 해야 안단 말인가 할 것들이든지. '하나님께서 이 땅에 세우신 두 기관, 즉 교회와 가정을 함께 섬기라고 부름 받은 우리가 고상하고 거룩한 대업을 앞에 두고 이렇게 시시한 걸로 싸워서야 되겠는가, 참자, 참아' 해보지만 도저히 참을 수 없는 일들이 계속해서 일어나는 게 부부 사이였다. 상대하기 싫다고 안 볼 수 없고, 없는 사람 취급하면서 살 수도 없다. 진정한 사랑이라면 충돌을 덮을 수 있어야 하는 것 아닌가 하는 생각에 충돌만 생기면 나는 사랑 타령을 했다. 우리 둘 다 고린도전서 13장을 토씨 하나 안 빼고 완벽하게 암송하고 있는데도, 그리고 서로를 사랑하는데도 해결의 실마리는 좀처럼 보이지 않았다.

이제 와 알게 된 사실이지만, 충돌은 사랑이 부족해서 오는 게 아니었다. 나와 달라도 너무 다른 남편의 정체를 파악하는 시간이 필요했던 것이다. 그래서 생기는 차이와 갈등을 해결하는 시간이 필요했고, 나를 괴롭히는 이 기도 제목을 들고 하나님 앞에서 오래오래 엎드리는 시간도 필요했다. 그리고 무엇보다 결정적으로 우리 사이를 가로막고 있는 기름종이 같은 걸 걷어내야 했다. 나 자신의 마지막 포장을 뜯어내야 했는데 거기에는 아주 큰 용기가 필요했다. 우리가 아무리 벌거벗은 몸을 마주하는 사이라지만 그에게조차 보이고 싶지 않고 들키고 싶지 않았던 나의 마지막 진심, 아직 사망의 몸을 벗어나지 못한 내가 갖고 있는 비릿한 자존심 덩어리를 꺼내야 했다. 우리가 이 정도밖에 안 되는 존재라는 것을 누가 알겠는

가. 세상에서 가장 가까운 사람에게조차 감추고 싶었던 마지막 모습까지 보이면서 우리는 그제야 비로소 서로를 제대로 이해하고 진심으로 불쌍히 여기게 되었다. 유행가 가사처럼 서로의 아픔까지 사랑할 수 있게 된 것이다. 지독한 가스가 배출되는 구멍이 뻥 하고 뚫린 기분이었다.

이런 면에서 아버님과 어머님은 부부간의 소통, 또 부모가 되면서 한 번 더 거쳐야 할 소통의 시간을 제대로 갖지 못한 것 같다. 소통을 통해 포장을 벗고, 피하거나 숨지 않고 맞닥뜨려 감정의 가장 깊은 곳을 숨김없이 드러내고 해결을 했어야 했다. 만남 자체가 너무 거룩하고 완벽해서였던가, 두 분이 관계를 쌓아가는 방법은 너무 서툴렀고 그러니 자연히 오해가 생겼다. 오해는 방해가 되었고 그래서 더더욱 사사로운 감정은 입 밖에 꺼내지 않고 각자 해결하다 보니 결국 자신의 감정도, 서로의 감정도 외면하게 된 것이다. 서로가 서로를 이상적으로 바라보는 만큼 현실과의 괴리는 더 컸다. 어머님은 아버님 앞에서는 화장도 제대로 못하셨다고 한다. 남자 앞에서 화장을 하는 게 수치스럽고 부끄러우셨단다. 그런 수줍은 마음의 신부가 돌아앉아서 겨우 화장을 하는데 신랑은 그 모습을 보고 외모보다는 마음을 가꾸라고 했다니. 그 순간 어머님은 자신은 외모를 더 가꾸는 사람이 아닌데 그런 이야기를 들으니 너무 당황스럽고 섭섭했단다. 그렇다고 그게 아니라고 말하자니 구차해 보여 그저 참을 수밖에 없었다고 하셨다. 아버님은 화장하는 아내를 지적한 게 아니라 그저 자신의 생각을 얘기하셨던 것뿐이리라. 그러나 아버님의 농담 같은 진담과 진담 같은 농담이 매사에 진지한 어머니에게 상처를 입혔다. 그렇게 경직되는 아내의 얼굴을 보면서 아버님의 말수는 점차 줄어갔다. 생각해보면 두 분은 부부가 굉장히 치사한 사이라는 걸 잘 모르셨던 것 같다. 이기적이기 짝이 없는 오해와 적나라한 변명이 끈덕지고 집요하게 오고가면서 자기 포장이 좍좍 뜯겨나가야 진실이 떠오르고 진심이 전해지는 것을. 그래야 세상에서 둘만 아는 사이가 만들어지는 것을.

내가 아버님과 어머님을 가까이서 지켜보면서 가장 마음 아팠던 부분이다.

시종일관 고고한 침묵과 엄숙한 자세로만 시집살이를 해야 했다면 나는 얼마 못 가서 게보린이나 아스피린을 입에 달고 살아야 했을지도 모른다. 그러나 이 수도원 같은 시집살이에도 반전은 있었다.

아버님이 강의하러 나가느라 외출하시는 날, 엘리베이터 문이 탁 하고 닫히는 순간부터 자유 시간은 시작되었다. 어머님과 아들들은 기지개를 켜고 참았던 숨을 크게 한 번 내쉬고는 곧바로 텔레비전을 틀었다. 간식거리를 내오고, 없으면 당장 슈퍼에 뛰어가서 이것저것 사오기도 했다. 그때부터 웃고 떠들며 우리끼리의 자유 시간을 만끽했다. 어머님과 두 아들은 쉴 새 없이 대화를 나누었는데, 친구들 사이에서나 할 법한 농담과 개그가 쏟아져나왔다. 세상에! 아버님 흉을 볼 때도 있었다. 별별 주제들이 다 오고갔는데, 대화 중에 어쩌다 어머님이 너무 한쪽 편만 들면 두 아들은 어머니의 편협한 사고를 거침없이 지적하면서 그것을 고쳐야 한다고 강하게 주장하곤 했다. 내가 보기에는 어머님에게 저렇게 해도 되나 싶을 정도여서 눈치를 살피면 어머님은 그런 지적을 웃으며 쿨하게 받아들이고 흔쾌히 고치겠다고 하셨다. 친정에서 이 정도의 대화가 오고갔으면 우리 엄마는 "내가 이 꼴을 보려고 자식을 키웠나"라며 신

세타령을 하고 눈물까지 보이실 것 같은데 어머님은 그게 아니었
다. 그들은 갈등을 피하지 않고 돌직구로 푸는 사람들이었다. 물론
어머님의 일방적인 포용이 이 모든 걸 가능하게 했고 그런 어머님
을 두 아들은 사랑했다. 세 사람은 옛날에 함께 겪었던 사람들과 사
건들을 거듭 떠올리며 각자가 가지고 있는 가장 선명한 기억을 앞
다투어 이야기했다. 목소리며 동작까지 그대로 흉내를 내며 흥겨워
했다. 반듯하고 예의 바른 남편이 어머니와 기탄없이 얘기하는 모
습을 보고는 이 집에서는 이래도 되나 싶었다. 그래서 나도 한 번
그런 식으로 끼어들었다가 "너, 하고 싶은 말 다 하냐?"는 어머님의
불공평한 지적에 내 처지를 다시 확인하는 일도 있었지만 말이다.
아무튼 이 세 모자를 지켜보는 건 무척 흥미로운 일이었다.

어머님은 두 아들의 말을 한 마디도 놓치지 않고 경청하며 아
들 세대의 생각과 주장을 듣고 즐기셨다. 두 아들이 어떤 이야기를
해도 크게 긍정하며 "어떻게 그런 생각을 했느냐"며 감탄하고 감동
하셨다. 그 정도로 아들 사랑이 지극했다. 내가 시집을 갔을 무렵
에는 아들을 사랑하는 단계를 넘어서 존경하는 단계로 들어가는
중이었다.

이에 반해서 아버님은 속에 품은 사랑에 비해 겉으로는 두 아들
에게 매우 냉정한 분이었다. 한 번도 공부를 잘하라고 요구하지도

않았거니와 또 아무리 좋은 성적표를 가지고 와도 잘했다 칭찬 한 번 안 하셨다. 대신 어렸을 때부터 신앙생활에 관해서만큼은 본인이 직접 철저하게 훈련을 시키셨다. 생활태도와 관련해서도 잔소리를 퍼붓듯이 하여 두 아들을 들들 볶았다고 하니 자식 교육만큼은 매우 엄격했던 것 같다. 남들은 다 칭찬하는 아들들이 정작 자기 아버지에게는 칭찬받지 못하는 것을 보고 어머님은 몹시 속상했다고 하셨다. 교회는 물론 어디서든 남들에게는 넘치도록 후하면서 자식들에게는 인색한 남편이 얼마나 원망스러웠을까? 아버지의 냉담함에 민망해서 어쩔 줄 몰라 하는 아들들을 보면서 어머님의 가슴에는 깊은 상처가 남았을 것이다. 엄마니까. 그래도 어머님은 억지로라도 남편의 그런 면까지 이해하려고 노력하셨다. 똑똑하고 착한 두 아들 덕분에 밖에서는 늘 자랑스러웠지만 안에서는 어이없고 기가 차도록 속상한 세월을 보낸 이야기를 내게 하실 때마다 그렇게 말씀하셨다. 남편에 대한 분노를 터뜨리다가도 끝에 가서는 언제나 사랑받지 못해서 사랑을 표현하지 못하는 거라고, 그러니 얼마나 불쌍하냐고 마음 아파하셨다.

그래서일까? 어머님은 두 아들에게만큼은 세상에 둘째가라면 서러울 정도로 뜨거운 헌신과 지지와 애정을 쏟으셨다. 나만은 아이들에게 그 어떤 상처도 주지 않겠다고 작정하신 것처럼 말이다. 어머님은 자녀들이 잘하는 것을 보면 절대로 그냥 지나치지 않고 반드시 칭찬하고 진심으로 감동했다. 워낙 칭찬을 많이 하셔서 그런지 표현도 남다르다. 아주 구체적으로 세밀하게 칭찬하시니 아들들이 얼마나 기분이 좋았을까? 어머님의 칭찬은 덮어놓고 하는 칭찬, 입에 발린 칭찬과는 차원이 다르다. 이런 어머니 덕분인지 참 이상하게도 아들들은 아버지에게 별다른 상처를 받지 않고 자란 것 같다. 분명히 아픔의 원인은 있는데 그 결과가 보이지 않는다. 어디엔가는 있겠지 싶어서 아무리 자세히 살펴보아도 바로 이것이 아버지라는 원인으로 인해 두 아들에게 생긴 결과라고 말할 수 있는 것이 하나도 없다. 한때는 상한 갈대처럼, 꺼져가는 등불처럼 아팠을 텐데 말이다. 하나님께서 붙들어주신 덕분이라고, 은혜라고밖에는 설명할 길이 없다.

시집가서 처음 맞는 추석에 시할아버지 시할머니를 뵈러 남편의 고향에 갔다.

시골집. 일찍 홀로 된 어머니를 모시고 대처로 나와서 성장한 2대 독자인 우리 아빠에겐, 따라서 나에겐 시골집이 없었다. 명절에도 우리 가족끼리 지냈고, 어쩌다 한 번 서울에 있는 외가를 방문하는 것이 내게는 친척집에 가는 유일한 즐거움이었다. 그런데 시집을 오니 정겨운 시골집에 할아버지 할머니까지 계시는 게 참 좋았다. '큰 대문집'이라는 별명이 붙은 이 집은 대부분 양철대문으로 바꿔 단 다른 집들과 달리 키 큰 나무대문이 근사한 폼새로 손님을 맞는 멋진 집이었다. 문을 열고 들어가면 전형적인 기역(ㄱ)자 형의 시골집 구조였는데, 빗자루로 쓴 자국이 선명한 깨끗한 마당에 작은 수돗가, 조그만 화단, 소를 키웠던 외양간, 그리고 남편이 즐겨 찾는 외장형 화장실이 있었다. 할머니가 웃는 얼굴로 반기며 두 손 잡아주시는 곳. 내게 이런 곳이 생기다니.

방으로 들어가서 인사를 드리는데 아버님 어머님이 먼저 절을 하신다. 특이하게도 아버님은 안경까지 벗으셨다. 나중에 이유를 들어보니 예전에 안경을 쓰고 절을 올렸다가 할아버지께 야단을 맞으셨단다. 어디 어른 앞에서 몸에 뭘 걸치고 절을 하느냐고 말이다. 어른께 인사를 드릴 때 모자를 벗는 것이 예의인 것과 같은 맥락인 듯하다.

남편과 함께 절을 올리고 부엌으로 나와보니 어머님은 그새 이 집 며느리가 되어 있었다. 살림에 그다지 취미가 없는 어머님이 자손들을 잘 거두어 먹이시려는 시할머니 옆에서 조수 노릇을 하시는 모습을 재미있게 지켜보다가 집 구경이나 할 겸 슬그머니 바깥으로 나와보았다. 수돗가에 서보니 낮은 담장 너머로 시골길을 오가는 사람들의 머리가 살짝 보였다. 그 뒤로 넓은 논도 보이고 차들이 쌩쌩 달리는 도로도 보이고, 뒤로는 산도 보이고 파란 하늘도 보인다. "전원일기"에서 본 듯한 시골마을이었다. 남편은 이곳에서 어렸을 때부터 할아버지 생신이 있는 여름방학, 할머니 생신이 있는 겨울방학, 그리고 명절을 지냈다는데 그게 나로서는 무척이나 부러운 일이었다.

집 뒤로 돌아가 보니 울창한 대나무 숲 아래 목욕하고 난 어린 아이처럼 반짝반짝 윤이 나는 크고 작은 장독들이 나란히 줄지어 서 있었다. 이 장독대가 너무 예뻐 나는 그만 첫눈에 반해버렸다. 언젠가 나도 이런 장독대를 꼭 갖고 싶다는 마음이 들 정도였다. 푸른 나무들 아래로 장독들을 나란히 앉혀놓고 오며가며 닦아주는 상상을 해본다. 뚜껑 열어 간장, 된장, 고추장, 청국장, 집장 맛도 보면서, 장독대에 앉아서 새소리 바람소리를 들을 수 있다면 시라도 짓겠다 싶었다.

시할머니가 얼마나 정갈한 분인지 시골집은 구석구석 윤기가 자르르 흘렀다. 우리가 내려온다고 미리 장만해두신 음식들은 환상 그 자체였다. 음식 솜씨 좋은 엄마를 둔 덕분에 늘 잘 먹고 컸지만 다른 지방의 음식 고수인 시할머니의 음식은 내게 또 다른 신세계를 보여주었다. 시할머니는 각종 잔칫집에 요리사로 불려갈 정도로 음식 솜씨가 좋았다. 다양한 젓갈과 김치는 기본이요 갖가지 나물 무침과 밑반찬들과 생선구이까지 다 올라왔는데도 아직 메인요리는 나오지 않았다고 했다. 밥상 앞에서 눈이 휘둥그레지고 입안에 침이 고이며 나도 모르게 웃음이 실실 나오기 시작하는데 할아버지께서 내게 말씀하셨다.

"어려워하지 말고 많이 먹어라."

조그만 소리로 겨우 "네~" 하며 젓가락을 들려는데 이번엔 아버님이 말씀하셨다.

"얘가 우리 집에서 제일 많이 먹습니다."

둘러앉은 식구들이 와~ 하고 웃는다. 이어서 어머님이 물김치에서 김치 국물만 떠먹는 사람들하고만 살다가 얘가 와서 건더기를 다 건져 먹어서 아주 좋다고 말씀하셨다.

"그려? 잘 먹으면 좋제."

할아버지께서 조용히 웃으셨다. 정체가 들통난 나는 '에라, 모르겠다' 싶어 밥상에 차려진 반찬을 모조리 쓸어 먹다시피 했다. 밥도 두세 그릇 먹었을 것이다.

사실 시집 와서 얼마나 배가 고팠는지 모른다. 평소 냉면 그릇을 국그릇으로 썼던 친정과는 달리 시댁에서는 모든 식사를 아주 작은 그릇에 했다. 내게는 전부 어린이용 밥그릇과 국그릇 같아 보였다. 더 떠다 먹는 것도 한두 번이지, 대충 같은 속도로 식사를 하고 나면 나는 금세 출출해졌다. 내가 떠다드린 미역국을 보고 아버님이 "누가 몸 풀었냐?"고 하셨던 우습고 무안했던 일화가 있을 정도로 시댁 식구들은 다들 소식이 몸에 밴 사람들이었다. 위장이 약한 아버님 때문에 모든 음식의 간이 아주 심심했는데, 시골집 할머니의 음식은 내 입맛에 딱 맞도록 간이 돼 있었다. 시골집에만 가면 끼니때마다 얼마나 많이 먹었는지, 매번 소화불량에 걸리도록 나는 그 음식들을 진심으로 사랑했다.

시골집이 있는 고향이 생겨 마음이 든든했던 것도 잠시, 결혼 2년 차가 되던 봄, 할아버지가 암에 걸렸다는 비보가 날아들었다. 어머님이 병간호를 위해 여름쯤에 대전으로 가셨고 그해 가을, 1996년 9월 24일 할아버지는 소천하셨다. 할아버지와는 미처 정도 들기 전에 헤어진 것이다. 조용하게 웃으시며 어려워하지 말고 많이 먹으라 하시던 말씀이 나와 나눈 유일한 소통이었다. 그 한 마디에 담긴 할아버지의 따뜻한 마음이 참 감사했다. 또한 그 따스함이 아버님께로, 그리고 내 남편에게로 흐르고 있는 것 같아서 나는 마음 깊이 감동했다. 그런 할아버지와 오랜 시간 동안 더 깊이 사귈 수 있었다면 얼마나 좋았을까.

장례를 치르던 날, 하늘은 유난히도 맑았다. 할아버지의 상여가 고향 교회 앞에 잠시 머물러 발인예배를 드릴 때 아버님은 참 많이 우셨다. 손수건으로 연신 눈물을 닦으시는 모습을 뒤에서 지켜보자니 나까지 마음이 아팠다. 비록 부자의 정을 깊게 나누지는 못했지만 사람의 도리를 가르치고 그대로 행하면서 살고자 했던 할아버지의 삶과 그 뜻을 조용히 따르며 최선을 다해 효도하려고 했던 아버님의 삶을 생각하니 나도 따라 눈물이 나오려 했다. 그때 나는 강철 같은 아버님의 가장 약한 부분을 본 것 같았다.

아버님과 나

나는 말수가 적은 편이라 아예 쉴 새 없이 말하는 사람과 있거나 차라리 아무 말도 하지 않아도 되는 사람과 있어야 마음이 편하다. 제일 힘든 경우가 서로 무슨 말을 해야 하나 계속 고민하게 하는 사람과 함께 있는 것이다. 그런 사람과 단둘이 있을 때면 아무리 머리를 쥐어짜도 무슨 말을 해야 할지 당최 떠오르지 않아서 얼마나 힘든지 모른다. 그래서 갓 시집 온 며느리에게 그다지 관심이 없어 보이는 무뚝뚝한 시아버지와 한 집에 사는 것이 그렇게 어렵거나 힘들지 않았다. 적당히 무관심하고 무심한 시아버지와의 거리감이 오히려 편했다. 그 거리가 있어야 내가 마음 놓고 천천히 아버님을 알아갈 수 있을 것 같아서였다. 나는 시간을 두고 천천히 아버님이 무엇을 좋아하시는지, 또 무엇을 싫어하시는지 알아가고 싶었다. 내가 집에 있으니 어머님은 아버님의 점심식사 준비를 내게 맡기고 자주 나가셨는데, 집에 아버님하고만 둘이 있어도 별로 불편하지 않았다. 아버님은 거실에서 공부를 하시고 나는 조용히 돌아다니며 집안일을 했다. 청소도 하고 베란다에서 걸레를 빨거나 빨래도 개고 과일도 깎아드리며 공부하시는 아버님 곁에 앉아서 신문도 읽고 책 구경도 했다. 그러다 시간이 되면 점심을 차려서 아버님이랑 둘이

서 먹고 설거지를 하면 되었다. 장 볼 일이 있으면 "마트에 다녀오
겠습니다" 하고 나가면 그만이었다. 아버님은 잔소리 박사라고 들
었는데 나에게는 어떤 간섭이나 잔소리를 일절 하지 않으셨다. 아
버님과 나 사이에 흐르는 침묵이 어색하게 느껴진 적도 없었고 그
래서 무슨 이야기라도 해야 할 것 같은 스트레스도 없었다. 아버님
이 나를 불편해하지 않으셔서 그랬던 것 같은데, 나도 아버님이 안
색을 살펴 기분을 맞춰야 하는 분이 아니어서 참 편했다. "과일 드
시겠어요?" 하고 여쭈면 책에서 눈을 떼지도 않고 고개만 한 번 까
딱하셨다. 그게 내게는 냉정하게 느껴지지 않고 외려 재미있게 여
겨졌으니 아버님과 나는 서로 통하는 구석이 있었다고나 할까.

　가끔씩 내가 새 옷을 입거나 음식을 두 분 입맛에 맞게 만들면
칭찬의 달인인 어머님은 당장 나를 앞세우고 아버님께로 가셨다.
아들들 데리고는 성공 못 하셨던 걸 며느리를 앞세워서는 어떻게
든 해보고 싶으셨던 모양이다. 어머님은 애가 새 옷을 입었으니 예
쁘다고 칭찬해주라고, 애가 한 음식이 맛있으니 칭찬해주라고 하셨
다. 그 순간 아버님도 나만큼이나 '꼭 그래야 하나' 하는 이해할 수
없는 표정을 지으셨다. 결국 칭찬 없이 유야무야 지나갔다. 아버님
이 내가 입은 옷이나 내가 만든 음식을 억지로라도 칭찬하셨다면
그만큼 우리 사이는 멀어졌을 것이다. 아버님의 완벽한 무시에 돌

아서면서 나는 마음을 놓았고 오히려 어머님을 향해 그러지 마시라고 툴툴거렸다. 소탈한 성격의 시어머니랑 그새 많이 친해져서였다. 이렇게 시부모님과의 관계를 조심스럽게 조율해가며 시집 식구가 되어가던 어느 날이었다. 성탄절을 앞두고 교회에서 아이들과 연습을 마치고 저녁 늦게 집에 왔는데 문을 열어주는 남편이 검은색 양복을 입고 있었다. 웬일이지? 눈을 동그랗게 뜨고 웃으며 남편을 보는데 "장인어른 돌아가셨어" 한다. 다리에 힘이 확 풀려 그 자리에 주저앉고 말았다.

아빠의 등

불쌍한 아빠.

이런저런 인생의 짐들을 내려놓고 이제 좀 살 만하다 싶을 때

몹쓸 병이 아빠를 찾아왔다.

그런 아빠가 얼마나 불쌍하고 가여웠는지.

아빠의 눈물을 닦아주며 같이 참 많이도 울었는데.

이제는 그 모습조차 볼 수 없게 되었다.

아빠가 원한 건 새로운 인생이 아니었다.

그저 오랫동안 해온 새벽기도와 주일학교 교사를 다시 할 수 있기

를 바랐다.

이 소박한 소원을 이루어주시기를 함께 얼마나 간절히 기도했던가.

현관에서 주저앉아 있다가 그대로 뒤돌아서 나오려는데

아버님이 말리셨다.

밥을 먹고 가라고 하셨다.

도저히 밥을 먹을 수 없다는 걸 아시는 분이

왜 그때 그렇게 말씀하시며 그냥 나서려는 나를 말리셨을까.

다 나를 생각하셔서서 그랬겠지.

토할 듯한 울음과 통곡이 속에서 뒤엉켜 정신까지 아득해졌고

어떻게 시댁에서 나와 아빠에게로 갔는지 전혀 기억이 없다.

미어지는 가슴과 터질 것 같은 슬픔은 다 아빠가 불쌍해서였다.

많이도 쓰다듬었던 아빠의 얼굴.

아직 체온이 엷게 남아 있는 얼굴에 내 얼굴을 대고

아빠, 하고 불러보았다.

아직 따뜻한 아빠의 큰 손을 들어 예전처럼 내 뺨에 대어보는데

천근같이 무거웠던 팔이 이제는 나비 날개처럼 가볍다.

"이렇게 살아서 뭐하니…" 굳어진 근육 뒤로 오랫동안 슬펐던 얼굴.

그런데 이제는 그 옛날, 꼭 그 표정으로 누워 계신다.

토요일 오후에 누워서 낮잠을

청하던 아빠 옆에 엎드려 노래를 부르면 웃을 듯 말 듯

작은 미소가 피던 아빠만의 그 표정.

그때 나는 천국을 보았다.

그리고 천국에 가신 아빠를 보았다.

천국이 아니고서야 어찌 그 육신으로 어린 딸의 노랫소리를 들으며

낮잠을 청하던 그 옛날의 미소를 찾아올 수 있단 말인가.

그렇게 나는 큰 위로를 받았다.

환하게 빛나는 얼굴에 엷은 미소를 띠고 가볍게, 가볍게 천국으로

가신 아빠.

더 이상 울 이유가 없었다.

　그렇게 아빠를 천국에 보내드리고 나는 아빠 없는 딸이 되어 다시 시댁으로 왔다.

　책상에 앉아서 공부하시는 아버님 등을 보면 아빠 생각이 많이 났다. 어려서 나는 모로 누워 한쪽 팔을 괴고 텔레비전을 보는 아빠 등 뒤에 딱 붙어 공상도 하고 텔레비전 소리도 듣곤 했다. 아버님 등을 보면 이제 내가 더 이상 숨어들 등이 없다는 것, 저 등에는 기댈 수 없다는 사실이 너무 아프게 다가와 갑자기 아버님은 너무 어려웠고 시댁도 낯설게만 느껴졌다.

　잃어버린 것과 지금 보이는 것 사이에서 마음을 잡지 못하고 마치 주워온 강아지처럼 잔뜩 웅크리고 있는데 남편마저 신학교에 입학해 집을 떠나게 되었다.

　위기가 찾아왔다.

며느리도 자식이었나

아버님과 둘이서 점심을 먹던 어느 날, 식사를 마치고 상을 치우는데 아버님이 같이 나가게 얼른 채비를 하라고 하셨다. 어디를 가자시는지 잘 듣지 못했지만, 더 여쭙지 못하고 부랴부랴 그냥 따라나섰다. 자세한 설명은 차를 타고 가면서야 제대로 들을 수 있었다. 아버님과 친분이 있는 음대 교수에게 오디션을 한 번 봐달라고 말해놨는데 오늘이 바로 그날이라는 것이다. 이렇게 설명을 해주시고 아버님은 다시 아무 말 없이 운전을 하신다. 그 차를 타고 내가 다녔던 학교로 가는데 만감이 교차했다.

친정아버지의 투병 생활과 동시에 저절로 접게 된 내 꿈. 학부 전공과 전혀 상관없는 공부를 더 하려고 했을 때 "아빠가 도와줄 수 있으면 도와줘야지" 하셨지만 본격적인 공부는 시작도 못 해보고 접어야 했다. 아무도 그 공부는 어떻게 됐느냐고 묻지 않았고 나조차도 내 꿈을 잊고 살았다. 그런데 이분은 나의 무엇을 보셨기에 내 꿈을 이어주시려고 한단 말인가.

영적인 갈망을 깨닫게 해준 한 남자를 만나 평생 남편으로 섬기고 살기로 작정했고, 그의 아내가 되어 그의 집에서 밥하고 청소하고 걸레 빠는 것을 한 번도 불평해본 적이 없다. 내가 이렇게 살려고 그 공부를 했단 말인가 한탄을 해본 적도 없다. 다가가지 못한 꿈이 있었지만 이미 나와 멀어진 이야기. 이대로도 충분히 행복했다.

그러나 때때로 텔레비전에 유명 음악가들의 공연소식이 나오면 저녁 먹은 밥상을 물릴 생각도 않고 넋을 잃고 바라봤다. 신문에 어쩌다 그들의 인터뷰 기사가 나오면 읽고 또 읽었다. 그 모습을 보셨는지, 그래서였는지 아버님은 그날 그렇게 그 약속을 잡아두셨다.

법대를 다니면서도 음대 앞을 지날 때마다 부럽고 또 아쉬웠다. 그런데 지금 시아버지 주선으로 음대 교수님께 오디션을 받으러 간다. 강의실 복도를 걷자 연습실에서 들리는 악기 소리와 노래 소리에 발바닥에서부터 흥분이 돋는다. 피아노 앞에 서서 교수님이 하라는 대로 스케일을 오르락내리락 하면서 아버님을 돌아보니 창밖을 향해 서서 내 쪽은 아예 쳐다도 보지 않으신다. 그 뒷모습을 보면서 생각했다.

저분이 차마 못 보시겠나 보다.
저분이 나를 정말 자식처럼 생각하시는구나.
잘해야지.
기쁘게 해드려야지.

다시 시작한 공부는 탄력을 받아 서울로까지 레슨을 받으러 다녔다. 용돈이며 비행기 값 등 학업에 필요한 모든 비용은 아버님이 다 대주셨다. 남편 없이 시집살이를 해도 공부하며 연습하느라 시간은 빠르게 지나갔다. 가까운 미래에 한 번 더 반전이 있는지도 모르고 다만 꿈을 향해 달려가는 그 달리기만으로도 충분히 기쁘고 행복했다. 그리고 그 기쁨의 시간 너머로 또 다른 시간이 나를 향해 달려오고 있었다. 아무도 모르게. 서프라이즈!

아기가 생기다

남편이 수원에 있는 신학교에 다니게 되면서 나도 공부할 학교를 수도권으로 정하고 열심히 입학준비를 하던 차에 임신을 하게 되었다. 그동안 아기를 얼마나 기다렸는데. 기다리다 지쳐서 임신테스트기를 마지막으로 쓰레기통에 던지고 난 다음부터는 아예 생각조차 않고 지내왔건만! 이제 와서! 하필 실기시험을 치르는 대강의 날짜와 출산예정일이 겹쳐버렸다. 악기라면 또 모르겠지만 노래는 힘들다며, 지도 교수님 부부는 낙심해 있는 나를 따뜻하게 위로해주었다. 엄마가 되는 게 훨씬 더 중요한 일이라고 하시면서 말이다. 그동안 레슨비도 안 받고 가르쳐주신 고마운 교수님께 마지막 인사를 드리고 다시 부산으로 내려왔다. 못다한 학업에 대한 아쉬움이었는지 나는 그날로 심한 몸살이 나 앓아 누워야 했다. 시어른들은 친정에 가서 쉬다 오라며 배려해주셨다.

내가 많이 아프다는 소식을 듣고도 남편은 금요일 밤이 되어서야 내려올 수 있었다. 아내가 왜 아픈지 누구보다 잘 알기에 차마 아빠가 되었다는 기쁨도 내색 못 하고 남편은 그저 누워 있는 나를 안타깝게 보면서 오래오래 위로해주었다. 이 몸살을 끝으로 나는 꿈을 좇는 시간에서 내려 엄마가 되는 시간의 라인으로 갈아탔다.

열아홉 시간의 진통 끝에 태어난 아기는 우리 부부의 마음에 쏙 들게 생긴 사내아이였다. 우리가 지어주고 싶은 이름이 있었지만, 아버님이 먼저 지어놓으신 이름이 있다며 세 가지를 써주시면서 거기서 고르라고 하셨다. 그리고 둘째부터는 우리더러 지으라고 하셨다. 첫 손자에 대한 아버님의 애정이 느껴져서 그대로 따르기로 하고 떨칠 진(振)에 주석 석(錫)자로 아기 이름을 정했다.

아빠가 천국으로 가시고 꼭 일 년 만에 태어난 아기.

남편 없이 혼자 자던 쓸쓸한 방에 아기를 누이고 같이 잠을 청했다. 새근새근 숨소리를 들으며 달콤하고 고소한 냄새도 맡고, 무딘 내 손에는 잘 느껴지지 않을 만큼 부드러운 살결을 쓰다듬고 또 쓰다듬었다. 그 예쁜 손과 발을 쥐어보고 펴보고 뺨에 대보면서 밤새도록 잠도 자지 않고 아기만 들여다보았다. 너무너무 예뻤다. 천사처럼 귀여웠다. 꼬마전구 불빛 아래에서 아기를 보고 있으면 아무리 오래 보고 있어도 지루하지 않아 시간 가는 줄도 몰랐다. 하루하루 커가는 모습을 세밀하게 관찰하며, 깨알 같은 글씨로 육아일기도 썼다. 심지어는 자고 있는 아기의 얼굴을 그리기까지 했다. 밤새 아기를 들여다보느라 새벽이 다 되어서야 잠에 들었으니 다음날 아침 일찍 일어나지 못하는 건 당연했다. 점점 늦잠꾸러기가 되어가는 며느리를 보다 못한 아버님이 어느 날 아침에는 한 말씀 하셨다.

“너 도대체 몇 시에 자니? 몇 시에 자길래 이렇게 늦게 일어나는 거냐?”

처음이자 마지막으로 아버님께 야단을 맞았다.

잠든 아기가 준 깨달음 하나

식구들 모두가 외출한 어느 날, 아기를 재우다 나도 깜빡 잠이 들었다. 문득 깨어나 조용한 집에서 새근새근 자고 있는 아기를 보고 있자니, 시집오고 난 뒤 잠에서 깰 때마다 찾아오던 이유 없는 불안함은 사라지고 마음이 편안해졌다. 평화로운 오후였다.

아기를 오래오래 바라보았다.

내가 누군가를 이토록 사랑해본 적이 있던가! 이런 사랑은 처음이었다. 남편 보기가 미안했고 나 자신을 사랑한 적은 더더욱 없는 것 같다. 나는 그동안 사랑을 모르고 살아왔구나.

하나님께서 주신 이 어린 천사를 바라보면서 감격에 빠져 있던 그 순간, 이런 생각이 번뜩 하고 머리를 스쳤다.

내 남편과 어머님이 이런 관계였구나!

생각하면 생각할수록 맞는 말이었다. 더했으면 더했지 결코 덜하지 않을 것이다. 시어머니가 첫 아들인 남편에게 갖고 있는 감정이 어떤 것인지가 피부에 확 와 닿았다. 아기가 나에게만 보내는 특별한 미소를 보면서 남편이 어머님에게 어느 정도의 신뢰를 갖고 있는지도 알 수 있을 것 같았다. 그래서 그날 아기와 나 사이를 생각하면서 중요한 결정을 하나 내렸다. 남편과 어머님 사이에 끼어들지 않기로 한 것이다. 남편의 시선을 돌려서 나만 보라고 하지 않기로 다짐했다. 어머니의 영향을 남김없이 지우고 내 마음과 내 뜻에 맞는 남편으로 새롭게 태어나기를 바라는 것이 얼마나 어리석은 생각인지 그제야 비로소 깨닫게 되었다. 그건 불가능한 일이었다. 그는 25년 동안이나 엄마의 아들로 살아왔다. 그걸 그만두고 이제부터 내 남편으로만 살라고 했다니, 더는 그러고 싶지 않았다. 내가 내 아들과 특별한 관계로 맺어져 있듯이 남편과 시어머니의 관계도 존중하는 것이 마땅하다. 그래서 두 사람이 더 사랑하라고, 마음 놓고 사랑하라고 성원을 보내기로 했다. 어머님 눈에는 당신의 아들이 최고지, 내가 엇비슷할 수도 없다. 나도 내 엄마에게 세상에 둘도 없는 딸인 것과 마찬가지다. 그래서 틈만 나면 어머님 앞에서 그 아들을 높이 칭송했고, 덕분에 나는 너무너무 행복하다고 기뻐했다. 그러면 어머님은 아주 즐거워하셨고 그분이 즐거우니 내 마음도 편했다.

할아버지의 웃음

임신을 했다고 말씀드렸을 때 아버님은 축하한다는 단 한 마디 말로 격려사를 마치셨다. 비록 격려사는 짧았지만 나는 10개월 내내 아버님이 운전해주시는 차를 타고 해운대 일대의 소문난 별미들을 골라 먹으며 임산부로 누릴 수 있는 호사를 한껏 누렸다. 임신 기간 동안 정말 잘 먹어서인지 태어난 아기는 아주 건강했다. 피부가 희고 곱기가 백설공주 같았고, 울음소리가 우렁차고 힘이 세기가 마치 삼손 같았다. 아기 울음소리와 어른들 웃음소리로 수도원 같던 시댁 분위기가 완전히 바뀌었다. 무뚝뚝하기만 했던 아버님도 달라지고 있었다. 남편이 집에 없었기에 나는 급하면 아버님께 아기를 맡기고 분유를 타고 젖병을 닦고 목욕물을 준비했다. 아버님은 첫 손자를 안아 어르고 달래며 크게 웃으셨다.

백일이 지나자 아기는 제법 식구들을 알아보고 방긋방긋 웃음을 지었다. 지금 생각해보면 아기를 안고 아버님 어머님과 함께 교회를 다녀오는 시간도, 겨우 재워놓은 아기를 깨워서 놀려고 하시는 어머님을 말리던 시간도, 이유식을 잘 받아먹는 손자를 안고 아버님이 드시는 각종 건강식품을 입에 한 방울씩 넣어주시는 모습을 간 떨리게 바라보던 시간도 무척이나 그립다. 한번은 아버님이 한

여름에 생긴 귤을 까서 손자 입에 넣어주시며 "우리 진석이는 은숟
가락을 물고 태어났네. 할아버지는 귤을 대학교에 가서 처음 봤대
이" 하며 허허 웃음을 짓기도 하셨다. 아기를 재우느라 포대기에 업
어 자장가를 불러주며 밤하늘에 둥글게 뜬 달을 바라봤던 시간, "보
름달~ 둥근달~ 동산 위에 떠올라~" 노래 부를 때 거실 책상에 앉
아 성경을 읽으시던 아버님의 모습이 지금도 눈에 선하다. 손자 사
랑이 지극한 아버님이 한여름에 아기를 유모차에 태워서 시원한 그
늘로 나가보겠다고 하셔서 처음으로 아기를 맡겨 내보냈던 것도 기
억이 난다. 그렇게 밖으로 나간 할아버지와 손자가 불안해서 내려
다보니 손자는 풀어달라고 버둥거리고 아버님은 안전벨트를 못 풀
어서 애를 먹고 있었다. 결국 기어코 벨트를 밀어낸 아기는 서 있
고, 하는 수 없이 서 있는 아기를 꼭 잡고 서 계신 아버님을 보는 시
간 모두 참 행복했다.

어느 가을날이었던가. 손자 재롱에 웃음꽃이 활짝 핀 아버님 얼
굴을 보고 문득 궁금해졌다. 손자가 태어나고부터 어머님은 아버님
께 자주 서운함을 내비쳤다. "자기 아들 데리고는 안 하던 거 손자
데리고는 하시네", "자기 아들한테는 어림도 없던 걸 손자한테는 꼼
짝도 못하시네." 부드럽고 인자한 할아버지가 되어 손자 뒤를 졸졸

따라다니며 손자가 가자는 대로 가고 하자는 대로 하는 아버님을 보면서, 어머님은 젊은 날 자기 아이들에게 냉정했던 모습을 떠올리며 "저렇게 변할 수가 있나, 저럴 수가 있나" 하며 기막혀 하셨다. 어머니의 이 말씀이 생각나서 아버님께 여쭤보았다. "아버님, 애비 어렸을 때가 더 예뻐요, 아니면 진석이가 더 예뻐요?" 물론 내 아들을 더 예뻐하신다는 확신을 갖고 여쭤본 것이었다. 질문을 드리고 1초도 안 되어 대꾸를 하신다. "하이고~ 내 아들이 훨씬 예쁘지."

에잉? 내 아들을 이렇게 예뻐하시면서 더 예쁜 건 당신 아들이라고? 그렇게 말씀하시며 옅어지는 아버님 눈가의 미소를 보자니 왠지 마음이 찡해졌다. 그럼 그렇지, 당연하지. 그렇게 예뻐하셨으니, 그 진심이 있었으니 지금 내 남편이 저렇게 아버지를 사랑하고 존경할 수 있는 거겠지. 그 대답이 바로 이 가족의 비밀을 푸는 열쇠가 되었던 우문현답이었다.

이렇게 어른들이 아기 하나를 놓고 행복을 새록새록 다져갈 때, 2년 동안 약한 몸으로 수원과 부산을 오가며 학업과 사역을 병행해오던 남편이 급기야 쓰러지고 말았다. 예상치 못한 일에 모두가 놀랐고, 우리 부부는 부랴부랴 학교 근처로 분가를 하기로 결정을 했다. 아버님이 첫 손자를 안으신 지 일 년도 채 되지 않았을 때였다.

분가를 한다는 것은 아버님 어머님 품을 떠나면서 교회를 떠나는 것이요, 목회자로 나섰으니 언제 다시 돌아오리라는 기약도 할 수 없는 막막한 이별이었다. 지금에서야 그렇게 우리 식구가 나가고 나서 집안 분위기가 얼마나 가라앉았을지 짐작이 가지만 그때는 주변을 돌아볼 줄을 몰랐다. 딸 없는 집에 며느리가 들어와 집안이 한층 밝아졌고, 그다음엔 처음으로 마음 놓고 사랑을 표현하며 기쁨을 주고받는 아이가 태어났다. 손자를 아침저녁으로 안고 웃으시던 두 분 모습이 눈에 선하다. 그러다가 갑자기 다들 사라지고 아들까지 떠나보내면서 얼마나 상실감이 컸을지 그때는 짐작조차 못했다. 기약 없는 이별을 앞두고 아버님은 어느 수요일 저녁예배에서 예고도 없이 손자에게 유아세례를 해주셨다. 그리고 어머님은 우리가 떠나고 난 빈 방에서 며칠을 우셨다고 한다. 나는 이제사 마음이 아프다.

매탄동 아파트

분가를 해서 나간 아파트는 열세 평짜리의 작고 오붓한 주공아파트
였다. 다들 처지가 비슷비슷한 가난한 신학생 가정들이 모여 살던
그곳은 연탄보일러를 사용하는 집이 있을 정도로 낡고 오래된 아파
트였지만 나는 마냥 행복했다. 어머님이 해주시는 밥 먹고 아버님
이 주시는 용돈을 쓰고 살았지만 그것도 시집살이였다고 우리끼리
나와서 산다니 아무려면 어떠랴 싶어 신이 났다. 우리 집에 다녀간
친정 식구들과 친구들은 다들 크고 작게 충격을 받은 모양이었다.
친정 오라버니들은 당장 짐을 싸라는 둥, 뭐가 좋아서 그렇게 웃느
냐는 둥 핀잔을 주었지만 내 귀에는 나 나를 아끼고 있다는 소리로
밖에는 안 들렸다. 남편이 아침에 학교에 가면 나는 하루 종일 해가
드는 방에서 커튼을 쳐놓고 낮잠을 실컷 잤다. 아이랑 텔레비전을
보면서 간식도 먹고 놀이터에 가서 그네도 태우고 미끄럼틀도 탔
다. 오후 늦게는 할머니들이 파는 야채 사러 시장에도 나가보고 이
골목 저 골목 다니며 동네 구경도 했다. 때 맞춰서 소아과에 가서
예방접종도 하고 집에 와서 저녁을 지어놓으면 남편이 하얀색 티코
를 타고 집으로 오는, 더 이상 행복할 수 없는 시간이었다.

그런데 참 이상했던 건 다른 때는 다 괜찮다가도 밥 먹을 때만

되면 뭔가 허전하고 어색하고 불편했다. 남편도 그렇다고 했다. 우리 셋이서만 밥을 먹는 게 그렇게 낯설 수가 없었다. 밥맛도 없고 대화도 없이, 기분이 축 처져서 모래알 씹듯 밥알을 삼켰다. 그 기분이 너무 싫어서 가까운 사람들을 식사 자리에 자주 초대해서 되도록이면 여럿이서 밥을 먹으려 했다. 그렇게라도 해서 우리 셋만 있는 어색함에서 벗어나고 싶었던 것이다. 한동안 우리는 이 기분에 눌려 있었다. 그때가 가족을 왜 식구라고 하는지 실감나게 느꼈던 시간들이다. 신나게 떨어져 나왔지만 우리 가족끼리 새로운 식구로 뿌리를 내리기까지는 꽤 긴 시간이 필요했다. 이전에 우리가 속해 있었던 곳에 대한 그리움이 이렇게 클 줄은 미처 몰랐다. 몇 달 뒤 우리 집에 아버님과 어머님이 다니러 오셨다. 얼마나 반가웠는지 모른다.

잠든 아기가 준 깨달음 둘

수원 매탄동에 위치한 우리 집 안방에는 하루 종일 볕이 들었다. 오렌지색 커튼을 치면 오렌지색 천연 조명이 작은 방 안을 가득 채웠다. 낮잠을 자는 아기 옆에 누워 아기 얼굴을 오래도록 바라보다가 문득 '나는 지금 여기서 무엇을 하고 있나' 하는 생각이 들었다. 내가 이제까지 속해왔던 곳에서 멀리 떠나와 남편과 함께 사랑스러운 아기를 키우며 행복하게 잘살고 있지만 내 지난날들은 현재의 무엇을 위해 존재했던 것인가. 진지한 질문들이 계속해서 꼬리를 물었다. 지금 나는 한 남자의 아내가 되어 살고 있다. 신학생이자 한 교회의 교육전도사인 남편을 따라 아는 사람 한 명 없는 낯선 곳에 와서 아기를 키우면서 말이다. 나는 무엇을 하려고 법을 공부했는가? 또 다른 공부를 해보겠다고 쏟았던 시간들은 다 어디로 가버렸는가? 내가 굳게 지켜왔던 나 자신과의 약속들은 다 어디로 가버렸는가? 하나님을 인격적으로 만나고 예수님을 내 구주로 모시고 살면서부터 내 마음의 소원은 오직 하나님 나라와 교회와 복음을 위해서 사는 것이었다. 주님께 가장 좋은 것을 드리고 싶어서 나 자신을 더 열심히 갈고 닦고 싶었다. 매 순간 나름대로 최선을 다해왔다고 생각했는데, 그 모든 것들이 안개처럼 흩어지고 물거품처럼 사라져버렸다.

　아기를 재우느라 저 혼자 저절로 아기 등을 토닥이고 있는 내 손은 마치 내 것이 아닌 것 같다. 내가 살고 있는 이 시간들은 정지인가, 허비인가? 나라는 사람은 교회에서 있어도 그만, 없어도 그만인 존재인가? 이런 교회생활을 계속해도 되는 것일까? 전도사의 아내가 되었는데도 교회를 위해 내가 가장 잘할 수 있다고 생각했던 것들은 아무것도 하지 못하고 있다. 지금은 아기를 키우고 있어서 시켜도 못하겠지만, 아기를 다 키우고 난 다음에도 상황이 크게 달라질 것 같지 않다. 성가대에서 찬양을 하고 예배 반주를 하고 교회학교 교사로 섬기면서 더 이상 할 수 없을 때까지 헌신하고 싶었다. 교회에서 제대로 일하기 위해 좀 더 전문적인 공부를 하기 원했고 그렇게 주의 일을 하면서 닳아가고 싶었다. 높아지고 싶었냐고? 결코 그렇지 않다. 더 잘 섬기고 싶어서였다. 내가 가진 한 달란트를 땅에 묻어두지 않고 풍성히 쓰는 착하고 충성스러운 종이 되고 싶었다. 그런데 그 한 달란트를 잃어버린 기분이 들었다. 지금 나는 교회에 가서도 온통 아기에게만 집중해야 한다. 시간 맞춰 아기에게 우유를 먹이고, 기저귀를 갈아주고, 돌아다니고 싶어 하는 아기를 억지로 무릎에 앉히고, 아빠에게 가고 싶어서 우는 아기를 달래야 한다. 어른들의 잡담과 아이들의 과자가 뒤섞인 곳에서 예배를 드리느라 신경은 있는 대로 날카로워졌다. 이제 나는 어떻게 하나님의 교회를 섬길 수 있을까?

그때 불현듯 '내가 가장 잘할 수 있는 게 혹시 그런 것들이 아니었나? 그것보다 더 잘할 수 있는 것이 있어서 하나님이 그것을 못하게 하신 게 아닐까' 하는 생각이 들었다. 하나님이 내게 원하시는 것은 어쩌면 내 안에 있는 다른 것일 수도 있으리라. 내 달란트라고 생각했고 남들도 다 그렇게 말해주었던 그것 말고도 내가 잘할 수 있는 것, 그게 뭘까? 하지만 아무리 생각해도 없는 것 같았다. 성령의 탁월한 능력을 받은 것도 아니고, 특별히 어떤 솜씨가 좋은 것도 아니고, 그렇다고 말을 잘하는 것도 아니고, 어떤 분야의 전문지식이 있는 것도 아니고, 하나못해 돈이 많은 것도 아니다. 내가 무엇을 가장 잘한단 말인가! 아무것도 찾지 못해 절망하고 있는데 그 순간 하나님이 아니라고, 있다고, 나는 안다고 말씀하시는 것 같았다. 그러자 갑자기 가슴 한쪽이 뻐근해지면서 눈시울이 붉어졌다. 오랫동안 나를 지켜보고 계셨던 하나님, 그리고 그분의 사랑. 나보다 나를 더 잘 알고 계시는 그분의 큰 사랑과 나를 향한 깊은 관심을 깨닫자 너무 감사해 눈물이 나왔다. 나도 몰랐던 나 자신. 더 이상 별다른 게 있을 것 같지 않았던 나. 그거라도 있어서 천만다행이었던 나. 그런데 그게 너무 수준 미달이어서 조금 부끄러웠던 나. 그래서 어떻게 해서든 달라지고 싶었던 나. 그러나 하나님께서는 나의 그 모든 발버둥질을 멈추게 하셨다. 생각이 여기까지 미치자 내가 준비했던 식의 달란트 장사를 하기에 나라는 사람은 실력도 근성도 끈기도 턱없이 부족하다는 게 인정이 되었다. 사람들 앞에 서면 떨기부터 하는 소심한 내가 아닌가. 큰일 날 뻔했다는 생각이 들었다. 아기는 얼마나 적절하고도 그럴듯한 핑계가 되어주었나. 아기 덕분에 자연스럽게 멈출 수 있었으니 얼마나 다행인가. 하나님께서는 내가 상처받지 않고 그만둘 수 있는 가장 자연스러운 이유를 골라 주셨다.

그렇다면 그게 무엇일까? 다시 가슴 저 아래에서부터 흥분이 일기 시작했다. 내가 교회를 위해 가장 잘할 수 있는 게 도대체 뭘까? 나는 오렌지색 햇살이 가득한 안방에 누워 있다가 벌떡 일어나 무릎을 꿇고 엎드렸다. 가슴 두근거리는 숙제를 안고 기도해야 했다. 그리고 비록 갈 바를 알지 못했지만 여태껏 내가 쌓았던 성에 결별을 고하고 떠나왔다. 깨끗이. 후회 없이. 두려움 없이.

제2부
두 교회

아버님의 그늘을 떠나와 지금까지 15년.

그사이 베데스다 교회는 한 번의 이사와 건축을 했고,

우리 교회도 한 번의 이사와 건축을 했다.

아버님과 어머님은 모든 것을 다 바쳐 교회를 섬겼고

우리도 그분들께 배운 대로 교회에 할 수 있는 모든 것을 다 바쳤다.

그러나 그분들도 우리도 인간일 뿐.

헌신이 곧장 열매가 되어 돌아오지는 않았다.

실수가 많았고 한계가 명백했고 좌절은 우리에게처럼

그분들에게도 찾아왔으리라.

다시 돌아간다면 그때처럼 뜨거울 수 있을까?

다시 주어진다면 그때보다 더 잘할 수 있을까?

우리의 뜨거운 눈물은 누구 때문이었는지.

우리의 목멘 외침은 무엇 때문이었는지.

교회의 주인이신 그분에게만 꽂혀 있었던 방향성 외에

무엇 하나 분명한 것 없이

우리는 외롭게 몸부림쳤다.

고향에 내려오면 모든 것을 묻어둔 채 한 상에 둘러앉아

"우리 식구를 모두 한자리에 모이게 해주신 하나님, 감사드립니다"라고

하나님께 고하는 아버님의 기도 소리를 들으며

마음을 달래고 위로를 받았던 세월이었다.

아버님은 연구교수 자격으로 두 달 동안 영국 에든버러로 떠나셨다. 손자 선물로 뭘 사올까 고민하시기에 그때 한창 유행하던 텔레토비 인형 하나를 원산지에서 사다주시기를 부탁드렸다. 그랬더니 아버님은 두 달 뒤에 노란색 나나 인형과 런던의 명물인 빨간색 이층 버스 미니어처를 사오셨다. 그리고 우리에게 줄 소식도 하나 가지고 오셨다. 에든버러에서 한국인 교수님 한 분을 만나 아들의 장래 문제를 의논했는데, 그분이 자기가 있을 때 공부를 하러 왔으면 좋겠다고 하셨다는 것이다. 아버님도 그분 의견에 동의하셨고, 요즘 수도권은 교회에도 석·박사들이 즐비한데 목사도 그에 맞게 전문지식을 쌓아야 하지 않겠느냐며 졸업하고 바로 영국으로 가서 공부하기를 권하셨다.

신학교 3학년이었던 이때, 남편은 교육전도사로 섬기던 교회에서 졸업하는 대로 전임 사역을 하기로 이미 약속을 했던 터였다. 목회 경험을 먼저 쌓은 뒤 공부를 하겠다고 말씀드리니 아버님은 한 살이라도 젊을 때 공부해야지 나이들수록 더 힘들지 않겠느냐며 썩 내켜 하지 않으셨다. 내색은 안 하셨지만 섭섭해하시는 게 보였다. 우리도 외국 유학생활에 대한 막연한 동경이 없지는 않았지만 아버

님이 준비해주신 길은 미련 없이 다음으로 미루었다. 그때는 교회
와 한 약속이 더 중요했다. 다른 길은 눈에 들어오지 않았다.

2000년 겨울

남편의 외할머니가 소천하셨다. 할머니는 일찍 과부가 되어 고독하고 고달팠던 인생을 끝내고 조용한 겨울 아침에 하나님의 부르심을 받았다. 아침상을 앞에 두고 감사기도를 드리다가 혼자 조용히 돌아가셨기에 본인에게는 더없이 명예로운 모습이었지만 가족들은 적잖이 당황스러웠다. 연세가 많았으나 아픈 데 없이 건강했고, 평소와 다른 모습을 전혀 보이지 않으셨기에 어느 날 갑자기 닥친 외할머니의 죽음은 가족 모두를 비통에 빠지게 했다. 다만 며칠이라도 병석에 계셨으면 서로 마지막 인사라도 따뜻이 나눌 수 있었을 텐데 싶어 나 역시 무척 서운하고 속상했다.

재력 있는 양반 댁으로 시집가서 다정하고 자상한 남편을 만났으나 행복은 그리 오래 가지 못했다. 어린 삼 남매를 두고 사별을 하고 말았으니 그 이후의 삶은 말해 무엇하랴. 그런데도 외할머니는 늘 밝고 당당하며 또한 매우 총기 있는 분이었다. 남편이 태어날 무렵 한 집에 살았던 외할머니는 첫 손자였던 남편을 보물단지처럼 애지중지 아끼고 사랑하며 키워주셨다. "우리 신욱이가 있는 곳은 너무나도 훤해서 해도 필요 없고 달도 필요 없다"는 내용의 자장가도 불러주셨단다. 허허허.

이런 사랑을 외할머니로부터 받았으니 남편도 외할머니를 사랑할 수밖에. 연애 시절, 가끔 할머니를 뵈면 남편은 엄마와 특별히 친밀했던 것만큼이나 할머니와도 친밀해 보였다. 극진히 공경하는 자세를 취하면서도 할머니의 손이나 머리카락을 자주 어루만지며 시시콜콜한 질문에도 성심성의껏 답해드렸고, 할머니가 아직도 당신의 손자가 세상에서 제일 잘난 줄로 아는 발언을 하시면 남편은 웃으면서도 그때를 지나치지 않고 바로잡아 드렸다. 그러면 할머니는 절대 그럴 리 없다고 손자의 말을 딱 자르곤 했다. 그 모습이 어찌나 재미있던지.

결혼해서 시댁에 사는 동안에도 할머니는 우리가 사는 집에 자주 오셨다. 할머니는 욕조가 큰 시댁 목욕탕에서 혼자 조용히 목욕하는 걸 좋아하셨는데 아마 그때 등을 밀어드리며 곰살맞게 구는 내가 마음에 드셨던 모양이다. 그 시절 인기 있던 드라마 "첫사랑"을 보시다가는 자신의 첫사랑 이야기(듣고 보니 막연한 동경이었다)를 내게만 살짝 해주셨다. 다른 사람에게는 처음 하는 이야기라시며. 가끔은 할머니 댁 옥상에서 기르는 케일 잎을 뜯어오신 적도 있는데 그걸 깨끗이 씻어서 겉절이를 해드리면 내 솜씨가 뛰어나서라기보다 할머니가 가져오신 것에 관심을 보인 것이 기쁘셨는지 늘 맛있다고 칭찬해주셨다.

이렇게 할머니랑 나는 친해지고 있었다. 첫 아이를 낳고 나서는 손주를 안고 어르며 웃으시는 모습이 하도 행복하고 평화로워 보여서 그 모습을 오래오래 보고 싶을 정도였다. 할머니는 손자며느리가 보여주는 신식 육아법에도 빠르게 적응하셔서 젊은 새댁인 내가 봐도 전혀 불안하지 않게 아기를 잘 돌봐주셨다. 며칠씩 우리 집에 와 계실 때는 남편 없는 방에서 아기와 나, 그리고 할머니까지 셋이서 같이 자며 정을 쌓아갔다.

할머니도 우리 어머님에게는 친정 엄마이신지라 그 연세에도 따님 댁에 오면 뭐 도와줄 게 없나 살피셨고, 방바닥이 깨끗하지 않으면 발로라도 슬쩍 걸레를 밀면서 닦아주려 하셨다. 며느리까지 본 딸이지만 옷 입은 게 마음에 들지 않는다고 간섭이라도 하시는 날엔 어머님은 "나는 이 나이에 옷도 맘대로 못 입는다"며 기가 막혀 하셨다. 사소한 것으로 모녀가 티격태격할 때는 두 분 사이에 사랑도 보였고, 애증도 보였고, 안타까움도 보였고, 서로 지극히 불쌍히 여김도 보였다. 어느 모녀간이 그렇지 않으랴. 제3자인 나는 그 가운데에서 웃음으로 모든 걸 얼버무려 긴장을 없애고 싶었다. 그러나 우리는 시댁을 떠나왔고 자연히 외할머니는 자주 못 뵈었다. 그렇게 시간이 얼마 지나지 않았는데 할머니가 돌아가신 것이었다.

임종 소식을 듣고 바로 내려간 부산은 아주 차가운 날씨였다. 늦은 시각, 외숙부 댁에 가니 이모님 혼자 할머니 발치에 엎드려 서럽게 울고 계셨다. 그 모습을 보자니 얼마나 마음이 아프던지. 할머니에게 큰 사랑을 받았던 맏손자, 남편도 오래오래 울었고, 만난 지 얼마 되지 않았지만 받을 사랑은 다 받은 나도 남편 뒤에서 눈물을 닦았다.

첫 아이보다 더 간절히 기다렸던 둘째 아이를 출산했다. 이러다 영영 동생도 하나 없는 아이로 키우게 되는 건 아닐까, 걱정이 지나쳐 노이로제에 걸릴 것 같았던 3년이었다. 누가 우리 집 문 앞에 아기를 데려다 놓고 가면 얼마나 좋을까? 그렇게만 해준다면 내가 정말 사랑해가며 잘 키울 수 있을텐데. 별별 생각을 다하며 속이 타들어 갔던 건, 원인 모르고 기다렸던 첫째와는 달리 난임의 원인이 내게 있다는 걸 첫 아이를 낳은 뒤에야 알게 되었기 때문이다. 불임은 아니었기에 큰 걱정은 하지 않았는데 시간이 지날수록 점점 생각지 못했던 감정이 나를 흔들어댔다. 첫 아이를 막 낳았을 때 어머님은 아이를 더 낳지 말고 하나만 키우라고 하셨다. 말세가 가깝고 세상이 이렇게 어지러우니 여럿 낳아서 고생하지 말고 하나만 잘 키우라는 말씀이었다. 산고가 채 사라지기도 전이었지만 그 말씀이 왠지 좀 서운하게 느껴졌는데, 어머님 얼굴을 보니 진심으로 하시는 말씀 같았다. 웃음이 나왔다. 아이를 많이 낳아 키우고 싶은 욕심도 없었고 몇 명을 키우겠다고 정해놓고 있었던 것도 아니었다. 그러나 동생 없이 혼자 크는 아들을 보고 있자니 이건 아니라는 생각이 들면서 그때부터 걷잡을 수 없는 불안감에 휩싸이기 시작했다. 그런 불안을 종식시키며 태어난 둘째 아들을 품에 안으니 그제야 비로소 숙제를 다 끝낸 사람처럼 마음이 편안해졌다.

걱정보따리를 이고 사는 엄마와 달리 둘째 아기는 근심 하나 없는 얼굴로 잘 먹고 잘 잤다. 다섯 살은 다섯 살답게, 한 살은 한 살답게 예쁘고 귀여운 아이들을 키우면서 행복을 하루하루 쌓아가던 어느 날, 남편이 목사 안수를 받게 되었다. 정신이 번쩍 들었다. 전도사 시절을 지나 강도사 신분이었고, 이미 전심 사역자로 교회를 섬기고 있었지만 목사 안수를 받는 것은 또 다른 차원의 전개였다. 남편이 신학생에서 전도사로, 강도사에서 마침내 목사로 변신하는 과정, 수많은 시험과 수련과 자기 성찰과 결단과 헌신의 순간들을 치러내는 것을 옆에서 지켜보았다. 그러나 내게는 이런 단계들이 하나도 없었기에 목사의 아내라는 정체성은 좀처럼 쉽게 생기지 않았다. 교인들이 나를 사모라고 부르지만 그건 호칭이었을 뿐이다. 나 자신도 그것을 부르는 소리로만 인식했을 뿐, 나를 "최 선생~" 하고 부르기로 정했다 해도 그것과 아무 다를 바 없는 단어였다. 이렇게 별 생각 없이 "사모"라는 호칭으로 불려왔지만 이제 목사 사모가 된다고 생각하니 어쩐지 무언가 달라져야 한다는 압박감이 들었다. 남편에게 발맞추어야 하나 그렇지 못하다는 열등감이 생긴 것이다. 궁지에 몰려 겨우 붙잡은 것이 교회 요람이었다. 교회에 갈 때마다 쏟아지는 낯선 얼굴들을 사진으로라도 알고 있어야겠다는 생각이 들었다. 틈나는 대로 펼쳐보며 교인들의 얼굴과 이름을 외우고 가족관계를 유심히 살펴보았다. 이미 두 아이를 출산하고 기르는 과정 속에 던져져 있었기 때문에 원래 성능이 보통 정도였던 내 기억력은 한없이 추락 중이어서 요람의 내용을 외우지는 못하고 그냥 보고 또 보는 것이 최선이었다. 그렇게 교회 요람 들여다보다가 목사 사모가 되었다.

이런 한심한 철부지가 목사 사모가 되었으니 아버님은 얼마나 불안하셨을까? 남편의 목사 안수식을 마치고 축하 인사를 받느라 긴장을 완전히 풀고 웃으며 돌아다니고 있을 때 아버님이 나를 한쪽으로 불렀다. 그리고 딱 한 마디 하셨다.

"너, 이제부터 교회에서 누가 잘했다고 칭찬하면 '아닙니다, 저는 잘한 것이 없습니다', 이렇게 말해야 한다."

"네" 하고 대답하니 그래도 걱정스러운지 한 마디를 더 덧붙이신다.

"사모는 언제나 겸손해야 한다."

이날 저녁 아버님이 내게 해주신 이 말씀을 나는 얼마나 잘 지켜왔을까? 이제 와 생각해보니 이런저런 걸 잘하라고 가르쳐주시지 않고 잘할 거라는 전제를 두신 게 가슴 찡하게 다가온다. 잘할 것이다, 그걸 교인들이 보고 칭찬할 거라고 생각하고 그 이후의 내 자세를 걱정하시다니. 잘하기는 내가 뭘 잘할 수 있다고 그런 걱정을 하셨을까. "넌 잘할 테니 겸손하기만 하면 된단다." 이렇게 말씀해주신 건데 그 마음이 오히려 지금 큰 위로가 된다. 목사 사모로 15년째 살고 있지만 아직도 열등감에서 벗어나지 못하고 있는 내게 그런 말씀을 해주시다니. 그러나 그 시절 철부지였던 나는 그 말씀의 의미를 제대로 파악조차 못하고 걱정 마시라는 웃음을 띠며 "네" 하고 또 한 번 대답했을 뿐이었다.

모든 것이 본격적인 단계에 접어들었다. 남편은 처음 만났을 때부터 믿고 따랐던 담임목사님을 이제는 사랑하는 단계에 접어들어 기쁘고 활기차게 사역을 배워나가고 있었다. 나는 여섯 살, 두 살 난 사내아이들을 키우느라 이제껏 한 번도 경험해보지 못한 세계에 빠져 살아야 했다. 끝없이 달리고 구르고 쫓아다니고 잡으러 가고 도망다니고 기어오르고 뛰어내리며 깔깔대는 세계에 끌려 들어갔다가 먹이고 씻기고 입히고 재우고 가르치느라 다시 두 아들을 끌고 나와야 하는 일상을 매일 반복하고 있었다. 새벽에 나가서 밤늦게야 들어오는 남편과는 마주앉아 이야기할 시간을 내기도 쉽지 않아 두 아들의 양육은 고스란히 내 몫이었다.

게다가 아들들은 에너지 넘치는 개구쟁이였다. 그중에서도 특히 큰아이는 힘과 극성이 버거울 정도였다. 남편이나 나나 큰아이에게 적응하지 못하기는 마찬가지였다. 아이는 귀가 아프도록 끝도 없이 이야기하고, 잠시도 가만히 있질 못했다. 다 쏟고 어지럽히고 망가뜨리는 아이를 보며 '얘는 도대체 누굴 닮아 이러나, 어디서 이런 게 나왔나' 소리는 차마 못 뱉고, 부모 된 죄로 길들여서 인간 만드느라 네 식구가 모여도 행복은 짧고 곧바로 따끔한 훈육의 시간으로 넘어가기 일쑤였다.

그러나 이 아이가 어떤 아이인가. 귀한 내 아들을 구박덩어리로 만드는 것 같아서 버릇을 들이면서도 부모는 애간장을 태우기 마련이다. 매를 들고 항복을 받아내고 나서는 아이를 꼭 끌어안고 눈물을 닦아주었다. 그리고 오래오래 쓰다듬으며 아이가 이해하도록 다시 설명해주고 얼굴에 웃음꽃이 필 때까지 달래주었다. 그러나 이제는 뜻이 통했겠지 하고 아이를 풀어주면 한 시간도 못 되어 똑같은 상황이 다시 발생했다. 삐뽀삐뽀 어딘가에서 구급차가 와서 나를 좀 실어가 줬으면.

이렇게 우리가 한 식구가 되기 위해 한 냄비 안에서 보글보글 끓고 있을 때 가끔 부산에서 아버님, 어머님이 오셨다. 손자들을 보며 밝게 웃으시는 두 분 얼굴을 보면 마음이 안정되면서도 동시에 긴장도 됐다. 두 분께 식사를 대접한다고 근처 식당에 가면 집에서는 오냐오냐 하시던 아버님도 큰손자의 천방지축에 적잖게 놀라시는 것 같았다. 남편은 저만한 나이에 신발을 가지런히 벗어놓지 않았다고 혼내셨다는데, 손자를 반듯하게 키우지 못한 것 같아 나는 괜히 눈치가 보였다. 아이는 아무리 붙잡아 앉혀놔도 어느새 빠져나가 이리저리 돌아다니기 바빴다. 그러면서 컵에 든 물을 쏟고 남의 상에 가서 참견하고 옷걸이에 매달렸다가 같이 쓰러지며 오랜만에 본 할머니 할아버지를 놀라게 했다. 그 모습에 아버님은 결국 한 말씀 하셨다.

"초장부터 애 버릇을 잘 들여서 키워야 한다."

고개도 못 들고 혼날 각오를 하고 있는데 갑자기 아버님이 픔 하고 웃으셔서 쳐다보니 특유의 파안미소를 지으며 소리도 안 나게 웃고 계셨다. 그때까지도 계속 돌아다니며 창호지 바른 문에 구멍을 내어 그 속을 들여다보고 있는 손자가 귀엽기도 하고 우습기도 하셨나 보다. 아버님이 웃으시니 우리 모두 덩달아 웃어버렸다. 이제껏 이 집안에서 볼 수 없었던 새로운 스타일의 아이였지만 어쩌겠나, 받아들여야지. 지금도 그 순간 그렇게 웃어넘겨 주신 아버님이 참 고맙다. 그때 아버님의 눈동자와 미소 속에는 사랑이 있었다. 아이들에게 끝도 없이 보내주시던 그 사랑에 기대어 나는 양육의 불안을 잠깐 내려놓기도 했다.

이렇게 갈팡질팡하며 교양과 훈계의 평균대 위에서 어지럼증과 울렁증으로 고민이 깊은 내게 어느 날 "이슬비 암송학교"라는 예쁜 이름의 학교에서 입학원서가 날아왔다. 남편이 이슬비 장학생으로 신학 공부를 마쳤지만, 외우기와는 거리가 멀고, 계속 거리를 두고 싶은 마음에 이 학교를 외면해왔었다. 하지만 '그래, 내게도 기분전환이 필요해. 한 번 가보자'는 마음으로 그곳의 문을 열고 들어갔다. 암송학교의 가르침은 아주 간단했다. 엄마가 학교에서 연습해간 말씀암송을 집에서 아이들과 함께 하는 것이었다. 나도 학교에서 시키는 대로 유치원을 다녀온 큰아이와 마주앉아서 손을 잡고 첫 암송을 해보았다. 생글생글 웃으며 아이 특유의 목소리와 발음으로 내 말을 따라 하는데 그렇게 예쁠 수가 없었다. 그 모습이 너무 예뻐서 매일매일 숙제를 정말 열심히 했다.

바로 여기에 열쇠가 있었다. 하나님께서 우리 가정에게 주신 비밀 열쇠, 자녀양육의 닫힌 문을 열고 보물을 꺼내올 수 있는 열쇠가 바로 말씀암송이었다. 큰아이는 힘이 넘치는 아이답게 암송도 거침없이 해나갔다. 이제 할아버지 할머니를 만나면 자랑스럽게 세워놓고 보일 수 있는 장기가 생긴 것이다. 아버님은 아주 흡족해하며 대견해하셨고 어린 진석이를 크게 칭찬해주셨다. 어머님은 손자를 기특해하면서도 쟤가 저렇게 하느라고 얼마나 힘들었을까 마음 아파하시며 "너무 많이 시키지 말라"고 신신당부하셨다. 2002년 한일 월드컵이 열리고 온 나라가 붉은 악마가 되어 소리칠 때 아버님은 "왜 하필 붉은 악마냐"고 개탄하셨고, 남편과 나는 아이들을 일찍 재우고 콜라를 마셔가며 축구를 보다가 마음껏 소리를 지르지 못해 혈압이 터지는 줄 알았다. 밖에서 무슨 일이 일어나는지도 모르고 쿨쿨 자던 여섯 살 진석이는 이제 우리가 자는 동안 유럽 프리미어리그를 챙겨 보는 축구광이 되었다. 극성은 열정으로 개선되었고, 암송은 누르면 튀어나오는 수준으로 올라선 지 오래다.

그리고 이제는 누구도 우리 큰아들이 어렸을 때 대단히 산만한 개구쟁이였다는 것을 믿지 않는다. 할아버지를 본받아 우리 모두가 애정으로 바라보며 기다려준 덕이고, 우리 모두의 기도를 들으신 하나님의 은혜다.

나는 남편과 단둘이 보내는 신혼을 가져보지 못해서 아이들을 다 출가시키고 우리 둘만 남게 되는 시간에 대한 환상을 갖고 있다. 자식 넷을 기르고 결혼시켜 내보내면 우리에게 남는 게 뭐가 있으랴만, 이미 상상 속에서는 뒤늦게나마 단둘이 살 작은 집을 구한다. 벽지를 고르고 가구와 액자를 온통 새하얗게 꾸며서 아기자기하고 예쁜 것들만 집안에 두고, 노인 냄새가 나지 않도록 향이 좋은 디퓨저와 향초와 꽃으로 채운다. 그리고 나는 새색시처럼 새하얀 레이스가 나풀거리는 앞치마를 두른다. 해가 잘 드는 거실에서 남편이 음악을 틀고 책을 뒤적이면 나는 부엌에서 된장찌개를 끓이고 나물을 무친다. 그가 좋아하는 고기 요리는 마지막으로 다시 한 번 간을 봐두고….

이렇게 아늑하고 따뜻한 기운이 충만한 나의 노년에 남편이 없다고 생각하면 순식간에 그 생기와 윤기가 사라지고 만다. 새하얗게 빛나던 모든 것들이 빛을 잃고 바래어 쭈글쭈글해진 내 피부처럼, 힘을 잃은 눈빛처럼 의기소침해지겠지. 이제 어떻게 하나…? 이 막막한 시점에 떠오르는 사람이 하나 있다. 앞으로 내가 어떻게 살아야 할지에 대해 많은 영감을 주는 사람. 바로 남편의 친할머니,

즉 나의 시할머니다. 시할머니는 내가 앞으로 어떤 할머니가 되어야 하는지 그 갈 길을 먼저 보여주신 분이다.

시할머니와 나는 설정 자체가 우호적일 수밖에 없었다. 우리 어머님을 가운데 두고 할머니는 그분의 시어머니요 나는 그분의 며느리니 당연히 우리는 동지였다. 만나자마자 그런 식의 동지애가 생겨난 것 같다. 할머니도 나를 마음에 들어 하셨고 나도 할머니가 좋았다.

일단 할머니는 점잖으면서도 상냥한 분이었다. 노인 특유의 고집은 찾아볼 수 없었다. 찾아뵐 때마다 맨 먼저 홀몸이 된 친정어머니 안부를 잊지 않고 물으시며 어머니께 잘하라는 당부를 꼭 덧붙이셨다. 그 인사가 그렇게 고마울 수 없었다. 자식들을 만만하게 대하며 함부로 부리는 모습은 일절 없었다. 귀한 손님 대접하듯 자식들을 섬기는 모습은 놀라울 정도였다. 내가 그간 아들을 남편인 양 딸을 조수인 양 부리는 이상한 할머니들을 많이 봐온 탓이다.

나는 할머니의 정갈한 시골집이 좋았고, 맛있는 음식이 좋았다. 할아버지 생신날이면 눈부시게 흰 모시옷을 부부가 나란히 해 입는 패션 감각이 좋았고, 그 준비성이 좋았다. 날아다니는 파리에게 말을 걸어가며 때려잡는 유머도 좋았다. 마음에 드는 연속극을 꼭 챙겨 보는 감성이 좋았고, 닭들도 아직 자고 있는 새벽에 새벽기도회에 가시는 영성이 좋았다. 자고 있는 우리가 깰까 봐 조용조용 준비하시는 배려심도 좋았다. 강대상용 성경책을 가방에 넣어 등에 메고 다니는 개성, 남의 눈을 의식하지 않는 그 개성이 참 좋았다. 정전이 된 날에는 애써 만들어놓은 음식에 미련을 두지 않고 곧장 택시를 불러 맛있는 콩국수를 사 먹으러 가는 과감함이 좋았고, 비슷한 나이에 한 동네에 시집와서 꼬부랑 할머니가 되도록 긴 세월을 함께 보내며 아침마다 만나 웃으면서 욕으로 인사를 주고받는 친구들이 많은 것도 좋았다.

대신 일을 너무 많이 해서 지문까지 흐릿해진, 마디가 툭툭 불거져 나온 손과 발은 내 마음을 아프게 했다. 세월 탓인지 웃고 있는데도 우는 것처럼 돼버리는 주름 많은 얼굴이 마음 아팠고, 논밭에서 일을 얼마나 많이 했는지 허리를 편 모습이 오히려 어색해 보이는 게 마음 아팠다. 초저녁에 잠들었다가 문득 깨어 다들 가버렸지, 하는 생각에 마음이 철렁 내려앉았는데 문을 살짝 열어보니 아직 우리가 다 자고 있었다고, 그 모습을 보니 마음이 푹 놓였다고 하실 때도 마음이 아팠다. 첫 아이에 둘째까지 데리고 할머니 댁에 내려가서 며칠을 지내고 떠나올 때 "할미 걱정은 하지 마. 어여 가, 어여. 바빠야 먹고 살지" 하시며 우리 등을 떠밀어내다가 끝내 눈물을 흘리시는 할머니를 두고 올 때도 마음이 너무 아팠다.

할머니는 내게 큰며느리, 즉 나의 시어머니 흉도 가만가만 보셨다. 내가 그때까지 들어본 다른 할머니들의 야비하고 치사한 며느리 흉에 비하면 그건 흉도 아니었지만 듣고 있자니 고소한 게 나름 재미있었다. 아무도 들려주지 않았던 시댁의 뒷이야기도 상세하게 다 얘기해주셨고, 할머니 마음의 깊은 상처도 여과 없이 다 보여주셨다. 학교를 못 다녀 한글도 못 읽는 까막눈이었는데 남편에게 배워서 지금 성경책도 읽을 수 있는 거라는 얘기를 해주셨을 때는, 운전도 아니고 한글을 남편에게 배우다니 얼마나 자존심이 상하셨을까 싶었다. 하지만 할머니는 그런 내색 없이 글을 가르쳐준 남편을 고맙게만 생각하셨다. 할머니가 그리워하는 할머니의 엄마 이야기는 전래동화를 듣는 기분까지 들게 했다.

할머니는 어째서 내게 모든 것을 다 내보이셨을까? 할머니에게 나란 존재는 별에서 온 그대, 그렇게 그저 먼 존재였을까? 잠깐 할머니 옆에서 당신의 친구가 되어 평생 마음에 쌓아온 이야기들을 듣고 나서 어떤 말썽도 피우지 않고 다시 자기 별로 조용히 떠나줄 것 같은 존재였던 걸까? 오히려 내게 별에서 온 그대 같았던, 아니 별에서 온 천사 같았던 할머니가 별이 아니라 이 땅의 존재였다는 사실을 알려주는 일이 생겼다. 암에 걸리신 것이다.

직장암 수술을 마치고 회복 중이실 때 병문안을 가니 작은어머님과 고모님들이 먼저 와 계셨다. 병상에 누워 계신 할머니의 손을 잡고 괜찮으시냐고 여쭙자 할머니는 내 어깨를 끌어안고 서럽게 흐느끼며 한참을 우셨다. 민망하기도 하고 마음이 몹시 아파서 나도 같이 눈물을 쏟는데 할머니께서 손목에 늘 차고 계셨던 시계를 끌러 내 손목에 채워주셨다. 이 마음을 어떻게 헤아려야 하나. 그동안 다른 사람들은 알지 못했던 우리만의 이야기, 우리만의 시간들을 기억하자는 마음이셨던가.

할아버지에 이어 할머니까지 암으로 돌아가시려나, 하고 모두의 마음이 무거울 때 평생 고향 가까이 살며 부모님을 돌보셨던 작은 아버님 대신 우리 아버님이 할머니를 모시고 가겠다고 하셨다. 보내는 작은댁에서도 내려가시는 할머니도 마음이 편치 않기는 마찬 가지였지만 마지막을 함께하고 싶은 아버님의 마음을 모두가 잘 알기에 그렇게 했던 것 같다. 이 소식을 듣고 나도 집안을 좀 정리해놓고 할머니가 계시는 시댁에 내려갔다. 아버님과 어머님이 얼마나 분주하신지 잘 알고 있었기에 두 분도 돕고 무엇보다 할머니를 돌봐드리고 싶어서였다. 내려가 보니 어머님은 할머니를 정성껏 돌보고 계셨다. 어머님은 시집온 이후 내내 시어머니를 진심으로 존경해온 마음을 담아 할머니를 극진히 봉양하셨다. 지독한 통증 때문에 진통패치가 떨어지면 어떻게 하나 걱정하시는 할머니를 안심시켜드리려고 패치를 되도록 많이 구해와서 보여드렸고, 죽을 쒀드리거나 변주머니를 갈아드리면서도, 할머니의 마음을 편하게 해드리려고 늘 밝은 얼굴로 최선을 다하셨다.

나는 큰아이는 친정에 맡기고 상대적으로 조용한 둘째 아이를 데리고 할머니 곁을 지켰는데 할머니는 통증이 제어되니 "신기하다, 살 것 같다. 내가 나으려나?" 하시며 오히려 기분 좋아 하셨다. 단 한 번도 부스스한 머리를 본 적이 없을 정도로 할머니는 깔끔한 분이었다. 이렇게 꼼짝도 못하고 누워만 계시니 얼마나 찜찜하실까 싶어 젖은 수건으로 얼굴과 몸을 닦아드리면 미안해하시면서도 아주 개운하다고 좋아하시며 몸을 맡기셨다. '우리 사이에 이 정도는 아무것도 아닙니다', 속으로 이렇게 말하며 발까지 다 닦아드렸는데 다리와 발이 많이 부어 있었다. 좋은 징조는 아니었다. 누워 계신 주위까지 깨끗이 닦으니 할머니는 잠이 온다며 같이 낮잠이나 자자고 하셨다. 할머니 옆에 내가 눕고 내 옆에 세 살배기 둘째를 누이고 셋이서 같이 잔 그 낮잠. 늦봄의 햇볕은 따뜻하고 바람은 기분 좋게 부드러웠던, 지금도 기억이 생생할 정도로 꿀처럼 단 낮잠이었다.

그렇게 며칠을 보내고 집으로 올라오면서 "할머니, 또 올게요" 하고 말씀드렸다. "아니야, 손부. 오지 마. 이젠 안 와도 돼" 하고 말씀하셨지만 할머니의 눈은 그렇게 말하고 있지 않았다. 무거운 마음을 안고 집으로 온 지 며칠 만에 할머니는 하나님의 부름을 받으셨다.

새벽마다 정화수를 떠놓고 달에게 무언가를 빌고 또 빌었다는 할머니. 그런 할머니였지만 아들의 신앙은 존중해서 제사상에 올렸던 음식은 절대 손자들에게 주지 않고 따로 마련해놓은 음식을 챙겨주셨단다. 남편이 고등학생이었을 때, 방학을 맞아 여느 때처럼 시골에 계신 할아버지 할머니를 찾아 뵈었던 날이다. 두 분께 절을 올리고 고개를 들어 할머니를 보는데 그 순간, 할머니가 너무 불쌍하게 느껴져 할머니 손을 잡고 엉엉 울며 "할머니, 예수님 믿고 구원받으세요"라고 말씀드렸단다. 손자와 손을 잡고 같이 우신 다음 날부터 할머니는 교회에 나가셨다. 이렇게 신앙을 갖게 된 할머니는 우리가 내려갈 때마다 같이 예배드리기를 원하셨고, 신학생이던 남편이 인도하는 가정예배를 드릴 때 할머니의 자세는 무척이나 진지하고 엄숙했다. 손자가 하는 짓이라면 그저 뭐든 다 예뻐서 그 모습에 빠져 내용에는 별 신경을 쓰지 않는 할머니들과는 전혀 자세가 달랐다. 할머니는 진지하게 말씀을 듣고 기도에 아멘으로 화답하셨다. 예배 중에 전화라도 오면 아주 불쾌해하며, "어~ 못된 것이

방해 놓네~” 하며 전화도 안 받으셨다.

할머니는 자식들의 봉양을 거부하고 독립을 택하셨다. 우리가 보지 못한 수많은 날 할머니의 일상은 어땠을까? 내가 살아야 할지도 모르는 그날들을 생각하며 나는 할머니가 벗 삼았을 고독을 각오한다. 그리고 내가 할머니에게 품었던 사랑과 존경과 긍휼을 그 누군가에게 기대해본다. 그러다 나도 언젠가 천국에 가게 되면 남편 손을 잡고 시할머니를 꼭 찾을 것이다. 우리가 짧게 나눈 사랑을 그곳에서 계속 이어가고 싶다. 할머니가 미리 보아두신 천국의 구석구석을 따라다니며 할머니 식의 천국생활을 구경하고 싶다. 할머니는 내 이름을 아셨을까? 늘 손부라고 부르셨고 나도 할머니라고만 불렀으니 아마 모르셨을 것이다. 나도 할머니 성함은 돌아가시고 나서야 알게 되었다. 우리는 서로 이름도 모르는 사이였는데 그렇게 서로를 사랑했다.

큰아이가 초등학교 입학을 앞두었을 때다. 막상 입학시키려니 이 아이와 단둘이 해보고 싶은 게 참 많았는데 제대로 해준 게 별로 없다는 생각에 미안한 마음이 들었다. 의좋게 지내는 형제였지만 나이 차 나는 동생 때문에 행동반경과 활동이 늘 동생의 수준으로 제한되어 있었기 때문이다. 그래서였을까, 큰아이의 에너지 넘치는 행동은 갈수록 점입가경이었다. 내리쬐는 태양 아래서 기운을 흠씬 빼놓지 않으면 밤에 도무지 잘 생각을 하지 않았다. 밖에서 바퀴 달린 것과 데굴데굴 굴러가는 것을 총동원해서 지칠 때까지 뛰고 나서 집에 오면 뜨거운 물과 차가운 물을 번갈아가면서 물고문 수준으로 씻겨야 했다. 아이는 그제야 비로소 차분해져 얌전히 앉아 암송도 하고 예배도 드릴 수 있었다. 박물관이나 미술관에 다니는 건 꿈도 꾸지 못했다. 힘이 장사인 아이가 나를 휙 잡아끌면 그대로 질질 끌려가 버리는데, 작은 아기까지 안고 큰아이를 앞세워 대체 어딜 다닌단 말인가! 이러니 우리의 유일한 놀이터요 체험학습장은 늘 집 앞 공원이었다. 그런 아들이 자라서 말만으로도 제법 통제가 되는 참에 학교에 가버린다니, 그동안 해보지 못해 아쉬운 것이 너무 많았다. 큰돈 들이지 않아도 수도권에 갈 만한 데가 얼마나 많은

가! 아쉬운 마음이 좀처럼 가시질 않았다. 둘째를 어린이집에 보내 놓고 큰아이의 입학을 한 해 미루고 싶은 마음까지 들었다. 그러면서 그동안 가보고 싶었던 곳에 여기저기 다니면서 큰아이와 단둘만의 시간을 좀 더 많이 갖고 싶었다.

이런 생각으로 마음이 복잡하던 차에 홈스쿨링에 대해 접하게 되었다. 경험자의 이야기와 책을 읽으면서 홈스쿨링의 필요성을 절감했고, 남편과 계속해서 대화하며 아주 간단한 청사진을 한 장 그림으로써 고민을 끝냈다. "여호와를 경외함이 지식의 근본"이라는 말씀을 액면 그대로, 문자 그대로 해석하고 받아들인 청사진이었다. 처음부터 남들보다 잘 가르칠 능력도 없었고, 그럴 만한 자신도 생각도 없었다. 이미 하고 있었던 성경암송을 꾸준히 하면서 말씀을 잘 가르치고 학과목은 기초만 닦아준다는 것이 계획의 전부였다. 그 외의 시간은 무계획이 계획이었다. 하나님께서 개입하실 틈을 내어드리고, 말씀에 반응할 줄 아는 세포를 만들어 아이와 하나님이 일대일로 만나게 하고 우리는 모습을 감추는 것, 우리가 그린 그림은 이랬다. 남편은 여덟 살 난 장남의 교육에 대해 논의하면서 처음부터 이렇게 못 박아 말했다. 좋은 대학에 못 가도 좋다고, 하나님의 말씀에 순종하는 사람으로 자라면 그것으로 이 아이의 인생은 성공

한 것이라고, 이 일을 도와주는 것이 부모 된 우리가 해야 할 일이라고. 구체적인 어떤 부분을 책임져주는 건 아니었지만 이렇게 말해주는 남편이 참 고맙고 든든했다.

이 결정을 아버님과 어머님께 알려드리니 두 분은 흔쾌히 찬성해주셨다. 어머님은 손자가 자유롭게 자랄 수 있으리라고 보셨는지 아주 잘한 결정이라고 대찬성을 해주셨다. 지금 생각해보면 우리 시부모님들도 예사 분들은 아니다. 지금까지도 나는 우리 집의 홈스쿨 이야기를 처음 접하는 사람들로부터 갖가지 걱정과 우려의 소리를 듣고 있는데 정작 친할아버지, 친할머니는 한 번도 그런 걱정을 비친 적이 없다. 두 분은 뭘 믿고 그렇게 적극적으로 찬성해주셨을까? 십 년 동안 우리 집의 홈스쿨링은 반은 놀고, 반의 반은 어쩔 수 없이 놀고, 반의 반의 반은 다른 일을 하고, 그 나머지 시간을 쪼개어 공부하는 시스템이었다. 아버님은 십 년 차이 나는 아이 넷을 공부시키고 살림하는 나를 쭉 지켜보시면서 어떤 지적도 걱정도 하지 않으셨다. 교수로 학생들을 가르치는 아버님이 보시기에 분명히 부족한 부분이 있었을 텐데 말이다. 오히려 늘 대단한 일 하는 며느리인 양 대우를 해주셨다. 어떻게 그럴 수 있었을까? 아이들을 하나님의 자녀답게 키우려고 했던 진심을 알아주셨던 걸까? 그래서 꽃이 쉽게 피지 않고 열매가 빨리 보이지 않아도 오래오래 참아주셨던 걸까? 지금에서야 보이는 그분들의 마음이 너무나 감사하다. 그저 내가 잘나서인 줄로만 알았던 세월이 너무나 죄송하다.

내가 첫 아이를 데리고 이렇게 요란을 떨 때 시할머니의 첫 추도일이 다가왔다. 이즈음 아버님은 『월리엄 블레이크의 시와 사상』이라는 제목의 책을 한 권 내셨다. 이 책으로 돌아가신 어머니를 기리며, 출판기념회를 열어 그동안 자신을 위로해준 사람들을 초대하여 감사하는 자리를 마련했다. 이날 아버님은 행복해 보였다. 제자들의 존경을 받는 교수요 교인들의 사랑을 받는 목사임을 증명이라도 하듯 많은 사람에게 둘러싸여 축하를 받는 아버님의 얼굴에는 웃음꽃이 활짝 피었다. 들뜬 부산행에 흥분한 나머지 동그랗고 새파랗게 멍든 눈을 한 손자는 생글생글 웃으며 형과 함께 할아버지께 꽃다발을 증정했다. 특별 찬송을 부탁받고 기겁을 했던 나는 축하 연주에 끼어서 피아노 앞에 앉아 있었다. 오랜만에 만난 친척들과 기념촬영도 했다. 아버님 어머님은 건강했고 우리는 싱싱했고 아이들은 파릇파릇했던 그해 봄날, 우리 모두는 그렇게 골고루 행복했다. 든든한 부모님 슬하에서, 다정하고 재미있는 남편 곁에서 나는 이렇게 마음 편히 아이들과 시간을 보냈다. 말씀을 찾아 읽고 암송만 하다가 덧셈 뺄셈이라도 가르치고 나면 대단한 공부라도 한양 "이제는 놀아야 해", 하면서 밖으로 달려나가기 바빴다. 이런 평

화로운 시간들이 한없이 계속될 줄로만 알았다. 하지만 꿈같이 행
복했던 그 시간은 일 년도 채 이어지지 못했다. 큰 소용돌이가 우리
를 향해 몰려 오고 있었는데 우리는 그 소리조차 듣지 못했다.

그리고 그해 가을

담임목회를 해야겠다고 마음먹고 그 준비를 처음 시작하면 어떤 기분일까?

부목사였던 사람이 개척을 준비하거나 담임목사로 청빙을 받았을 때, 일반적으로 어떤 긴장과 기대가 있는지 무척 궁금하다. 우리 가정이 담임목사 가정이 된 경로는 일반적인 경우와 거리가 멀었기 때문에 나는 이 부분에 대한 궁금증을 늘 가지고 있다.

한 교회를 함께 섬기던 담임목사님이 갑작스럽게 사임을 공표했다. 온 교인의 사랑과 존경을 한 몸에 받던 목사님의 사임은 교회를 일거에 혼란에 빠뜨렸다. 교회와 담임목사님에 대한 성도들의 자부심이 강했고 자부심만큼이나 교회 성장도 강렬했던 시기에 이런 일이 일어났다. 사전에 이를 짐작할 만한 어떤 여지도 없었기에 교인들은 좀처럼 흥분을 가라앉히지 못했다. 혼란스럽기는 부교역자들도 마찬가지였다. 이들도 사임 발표 날 교인들보다 한두 시간 먼저 들었을 뿐이었다. 목사님의 뜻은 단호했고 이후의 모든 과정은 목사님의 계획대로 진행되었다. 진심 어린 설득에 교회는 더 이상 목사님을 붙잡지 못하고 별 도리 없이 그 뜻을 따라야 했다. 그리고 그 계획 속에는 남편을 후임 목사로 세우는 것이 포함되어 있었다. 그동안의 성실성과 정직성을 높이 산 추천이었다. 모든 절차와 결과는 노회법과 교회법에 따라 결정되었지만, 담임목사님의 후임 추천은 교인들의 공감을 사기에는 역부족이었다. 당사자인 우리도 그랬으니 교인들은 오죽했으랴. 이해와 오해는 어지럽게 얽히더니 갈수록 더 속수무책이었다.

한편 아버님은 영국에 다녀오신 뒤로 해가 바뀔 때마다 올해는 공부하러 가려느냐고 계속해서 물어오셨다. 하지만, 함께 사역하던 교역자들이 선교로, 유학으로 앞서거니 뒤서거니 하며 차례차례 교회를 떠나는 마당에 우리마저 떠나겠다는 말을 차마 할 수 없었다. 무엇보다 큰 이유는 담임목사님을 곁에서 좀 더 돕고 싶어서였다. 그래도 가끔 잠이 오지 않는 밤이면 불을 끄고 누워서 유학에 대한 이야기를 나누곤 했다. 유학을 가게 되면 어디로 갈까? 공부를 바로 시작하는 게 좋을까, 아니면 일 년 정도 쉬고 시작하는 게 좋을까? 어느 학교에서 무엇을 전공할까? 공부는 얼마나 할 수 있을까? 언제쯤 돌아오게 될까? 돌아오면 어디로 가게 될까? 학교일까, 교회일까? 아이고, 영어는 어떻게 정복하지? 아이들이 거기까지 가서 홈스쿨링을 하는 건 좀 심하지 않나? 학교에 다니면서 그 나라 친구들도 사귀고 영어라도 배워와야 할 텐데 그럼 나는 뭘 하지? 나도 공부를 할까? 하고 싶었던 음악을 계속할까, 아니면 상담학을 공부해볼까? 아니다, 그냥 그 나라 아줌마들과 친구하며 지내련다. 당신도 아이들도 긴장하며 지낼 텐데 나라도 집에 있으면서 가족들을 위해 스텐바이 하고 싶다, 등등. 새로운 시작에 대한 꿈은 상상만으로도 우리를 설레게 했다. 비록 나는 영어가 무서워서 집 밖에도 못 나갈 것 같았지만, 나와 영어 실력이 비슷한 남편은 일단 철학박사든 신학박사든 정하기만 하면 무엇이든 다 잘 해낼 것을 의심하지 않았다. 아버님이 유학 자금은 걱정하지 말라고 하셨지만 나는 나대로 따로 통장을 하나 마련해서 알뜰하게 저축하며 언제일지 모를 그날을 조금씩 준비하고 있던 터였다. 이런 우리에게 담임목사님은 후임 자리를 권했다. 그리고 본인이 기도도 다 했고 응답까지 받았으니 우리는 기도할 필요도 없다고, 무조건 받기만 하라며 강하게 밀어붙였다. 하지만 우리 일이었다. 다른 사람의 기도 응답에 우리 인생을 맡길 수는 없지 않은가.

남편과 나는 부산으로 내려갔다. 아이들을 친정에 맡기고 남편이 청년 시절부터 다니던 기도원 뒷산, 남편만의 기도바위에 함께 올라갔다. 낙동강과 김해평야가 훤히 내려다보이는 그 바위에 앉자 남편도 나도 쉽게 말이 나오지 않아 오래도록 그냥 앉아만 있었다. 찬양부터 하자며 무심코 고른 첫 찬송을 부르기 시작할 때 이미 응

답은 우리 두 마음에 와버렸다. 거부할 수 없었고 담담한 인정과 야속함이 교차했다.

그런 우리 결정에 아버님은 대단히 실망하셨다. 그 이후로 내 교회생활은 완전히 달라졌다. 웃는 게 웃는 게 아니었다. 기도하려고 눈을 감으면 눈물부터 쏟아지는 날들이 오래 이어졌다. 세상에 쉬운 일이 하나 없다지만, 젊다 못해 연소했던 우리에게 목회 훈련은 강도 높게 이어졌고 무엇 하나 쉽게 다음 단계로 넘어갈 수 없었다.

2005년 여름

남편이 남서울평촌교회 2대 담임목사가 되면서 내게는 감정적으로도 이성적으로도 어찌할 바를 알 수 없는 시간이 본격적으로 시작되었다. 갑자기 낯설게 느껴지는 교인들 사이에서 예배를 드리고 난 후, 온 교회를 맨발로 뛰어다니는 두 아들을 챙겨서 집으로 오면 골치가 지끈지끈 아팠다. '아이고, 모르겠다.' 부목사 사모 때에는 입지도 않았던 투피스 정장을 벗어 던지고 거실 바닥에 드러누우면 달라진 건 하나도 없는 것 같은데, 변한 건 하나도 없는 것 같은데 왜 이렇게 모든 게 다 바뀌어버린 거 같은지 현기증이 났다.

그러던 어느 날이었다. 그날도 혼자 거실에 누워서 이 생각 저 생각을 하고 있는데 교회에서 곧 사택을 옮겨줄 거라는 말이 떠올랐다. 사택까지 옮겨서 이대로만 지낸다면 나는 젊은 나이에 지나치게 편안한 삶을 살게 되는 것이다. 아이 둘 딸린 네 식구에게 교회에서 제공하는 담임목사 대우는 내가 생각하기에도 아쉬울 것이 전혀 없어 보일 정도였다. 그러자 내가 이 나이에 이렇게 편해도 되나, 앞으로 아이들이 커갈수록 더욱 편해질 텐데 그렇게 사는 건 나 자신에게 독이 되겠다는 생각이 들었다.

그때 내가 왜 그런 생각을 했는지, 왜 그렇게 나 자신을 들들 볶았는지는 지금도 알 수 없지만, 그 생각 끝에 나는 하나님께서 내게 주신 이 상대적인 여유를 생명을 키우는 데 써야겠다고 결심했다. 아기를 갖고 싶었지만 나는 언제 임신을 할 수 있을지 알 수 없는 몸이었다. 그래서 입양을 생각했다. 내게 입양은 크리스천이라면 한 번쯤 생각해보는 이슈 정도였다. 깊게 생각해본 적도 없고 조사를 해본 적도 없었다. 그런데 그 순간 생각이 거기에 미치자 마음이 확고해졌다. 이 결정이 지금 내가 내릴 수 있는 유일한 답처럼 보였다. 아이들이 잠든 조용한 시간에 남편에게 내 생각을 말하니 남편 역시 나와 같은 생각이었다. 남편과 나는 이럴 때면 굉장히 비슷한 사람이라는 게 드러난다. 우리는 장점이 보이고 그 장점이 귀하면 단점은 일단 접어둔다. 극복해야 할 부분이라고 생각하는 것이다. 어차피 완벽하게 갖춰진 것만 선택하며 살 수는 없지 않은가! 우리 눈에 들어온 그 장점이 하나님 마음에 합한 것이라면 단점은 그분 이 뛰어넘게 해주시지 않을까? 아니면 겪어내야 할 것이고. 우리는 그렇게 우리의 삶을 던져가며 살아왔다. 홈스쿨링도 입양도 모두 그렇게 결정했다.

입양 계획의 큰 부분을 그 자리에서 다 결정하고 나니 어지러운 마음이 많이 가라앉았다. 두 아들에 이어 두 딸의 엄마가 된다고 생각하니 갑자기 속이 든든해지며 싱글벙글 웃음이 났다. 더 자세한 사항은 하나님이 꿈을 통해서 (믿거나 말거나) 알려주셨다. 아직 어린 아이들에게 이 이야기를 어떻게 이해시킬까 많이 고민했는데, 하나님이 지혜를 주신 덕에 반복해서 이야기해주는 가운데 잘 설명할 수 있었다. 아이들은 생각보다 빨리 이해했고 우리의 결정을 기쁘게 받아들였다. 감사한 일이었다. 이름을 다 지어놓고 아이들과 함께 장차 만날 여동생들을 위해서 이름을 불러가며 매일 기도했다. 그러고 나서 아버님과 어머님께 이 사실을 전하기 위해 시댁에 내려갔다. 반대하시면 어쩌나 하고 걱정하는 나에게, 남편은 이건 우리 가정의 일이니 반대하셔도 어쩔 수 없다고 단호하게 말했다. 허락을 받으러 가는 게 아니라 통보하러 가는 거라고 말이다. 남편의 뜻은 알았지만 나로서는 시부모님께 맞설 자신이 없었다. 허나 걱정은 그야말로 기우였다. 아버님은 의외의 말씀을 해주셨다.

"나도 아들 둘을 키우면서 딸아이 둘을 더 입양해서 키우고 싶었는데, 그때 우리는 여건이 안 따라줘서 할 수가 없었다. 너희들이라면 잘할 거다. 나는 찬성이다."

'어머, 그러셨구나.' 남편도 몰랐던 부모님의 지나간 이야기였다. 아버님의 축복을 받으니 이제 정말 모든 게 잘 될 것 같은 마음이 들어 기분이 무척 좋았다. 아버님은 기쁘게 허락해주시고는 연구교

수 자격으로, 교회에서는 안식년을 받아 1년 예정으로 미국에 가셨다. 그리고 우리는 입양 기관을 찾아가서 부지런히 입양 절차를 밟기 시작했다. 서류를 준비하고 교육을 받고 심사까지 끝내고 이제 곧 내 아기를 만나나 보다 했는데, 기다림은 생각보다 길었다.

그렇다면 여행을 떠나자. 아기들이 들이닥치기 전에, 만나면 할 말 많을 것 같은 전임 목사님과 이국 땅에서 만나면 더 반가울 것 같은 아버님이 계신 미국으로 여행을 떠나기로 했다. 당분간 쓸데가 없어진 유학 통장을 깨서 비용을 마련했다.

미국으로 가는 비행기 안에서 우리는 서로를 축하해주었다. "당신 많이 출세했구려." "당신도요." 기내 서비스를 받으며 쉬지 않고 만화 영화를 보는 아이들을 보면서도 말했다. "너네는 무슨 팔자가 이렇게 좋니?" 아홉 살, 다섯 살에 웬 미국 여행? 우리는 꿈도 못 꾸던 이야기 아닌가! 우리의 서툰 영어가 통하는 신비를 경험하면서 물어물어 찾아간 미국 땅. 시카고 공항에는 목사님이 마중을 나오셨고, 버밍햄 공항에는 우리 아버님이 나와 계셨다. 공항에서 아는 얼굴을 보자 나는 만세라도 외치고 싶었다. 우리가 탄 비행기가 정말 그곳으로 가긴 하는 건지, 우리 짐은 잘 따라오고 있는 건지 궁금해도 차마 묻지 못했는데 두 분의 얼굴을 뵈니 제대로 왔구나 싶어 그제야 마음이 놓였다.

아버님이 계시던 남부의 시골 마을에서 나는 우리 딸들에게 줄 아기 용품을 그 좋다는 미제로 다 사들였다. 그래 봐야 월마트였지만, 여자아이 옷 근처에는 갈 일이 없었던 내게 이런 순간이 오다니, 쇼핑을 하면서도 좀처럼 믿어지지 않았다. 이제 돌아가면 내가 정말 딸을 가진 엄마가 된다는 게 실감이 나지 않았다. 이쪽 나라 물건들은 왜 이렇게 다 좋아 보이는지. 앙증맞은 물건들에 감탄하며 이것저것 만져보았다. 이걸 입히고 신겨서 인형처럼 꾸민 딸아이를 안고 다닐 생각을 하니 정말 꿈만 같았다. 이런 생각을 하면서 쇼핑을 하느라 같이 간 아버님을 세워놓고 아무리 오랜 시간을 보내도, 아버님은 단 한 번도 서두르라고 재촉하지 않으셨다. 오히려 장난꾸러기 손자들을 턱 맡아주셔서 나 혼자 조용히 쇼핑에 몰두할 수 있게 해주셨다. 그리고 떠나오기 전날 아버님은 앨라배마 주의 작은 도시 타스칼루사, 우리나라로 치면 땅끝 마을 정도 되는 곳의 한 아파트 일층 거실에 앉아 손녀들 이름에 쓸 한자를 정해주셨다. 손자들 이름에서 한 자씩 따와서 떨칠 진(振)에 닦을 수(修)로 진수, 그리고 은혜 은(恩)에 닦을 수(修)로 은수. 이제 돌아가면 큰딸 진수를 먼저 만날 것이다. 이국의 아름다운 대자연에 감탄하다가도, 오랜만에 만난 반가운 얼굴들과 밤새워 이야기를 하다가도, 나는 문득문득 내 딸들 생각에 가슴이 뛰다가 무너지다가 했다.

그리고 8월, 여행을 마치고 다시 일상으로 돌아와 지내던 어느 날 전화가 한 통 왔다. 아기를 만나야 할 시간이 됐다고.

2006년 봄

딸은 역시 달랐다. 갓난아이였지만 온순하고 얌전하여 두 아들을 데리고 매일매일 암송 훈련과 홈스쿨링을 하는 데도 전혀 방해가 되지 않았다. 오히려 엄마를 향해 보내는 특별한 미소를 보면 쌓였던 피로가 다 날아갔다. 아기 천사, 그 자체였다. 오전 공부가 끝나면 아들들은 자전거를 끌고 밖에 나가서 여기저기 쏘다니며 노느라 시간 가는 줄 몰랐고, 나는 딸 키우는 재미에 푹 빠져 시간 가는 줄 몰랐다. 몸을 뒤집고, 다시 뒤집고, 일어나 앉고, 기어 다니고, 잡고 일어서고, 한 발짝씩 걸음을 떼는 모든 것이 다 새로웠다. 아이를 키우는 게 처음이 아닌데도 매일이 새로움으로 가득했다. 너무너무 귀엽고 예뻤다. 딸아이 눈은 호수처럼 맑고 깊고 큰 데다 환상적인 쌍꺼풀까지 있었다. 아기에게 첫눈에 반해버린 친정 엄마는 외손녀에 대한 애정과 찬사를 아끼지 않았다.

"야야, 니가 낳아도 얘만큼은 안 예쁠 거다."

듣기 좋았다. 이미 두 아들만으로도 넘치도록 행복한 엄마였는데 딸까지 갖게 되니 내 안에 있는 줄도 몰랐던 빈 곳이 따뜻하고 부드럽게 채워지는 느낌이었다. 자매 없이 외롭게 자란 내게 딸은 34년 만에 받은 아주 특별한 선물이었다.

교인들은 우리 딸을 진심으로 환영해주고 예뻐해주었다. 딸아이를 안고 있는 내 모습을 보면서 눈물을 글썽이며 격려하고 축복해주신 분들을 아마 난 영원히 잊지 못할 것이다. 어색했던 사모의 자리가 딸로 인해 한결 견디기 수월해졌다. 교인들과 나 사이에 다리가 되어준 딸을 보며 이 작은 아기가 이렇게 큰 역할을 해주다니, 생각지도 못했는데 벌써부터 나를 도와주고 있는 딸이 정말 고마웠다.

그러던 어느 날 온 가족이 교회에 가는 길이었다. 큰아들은 앞에 앉히고 작은아들은 뒷좌석 내 옆에 앉히고 딸아이를 품에 안고 달리는 차 안에서 남편이 말했다.

"규장출판사에서 당신더러 책을 한 번 써보라는데?"

나는 웃음부터 나왔다. 내가 무슨 이야기를 쓸 수 있을까? 홈스쿨? 암송 훈련? 아니면 우리 딸의 입양 이야기? 이야기할 거리가 많아 보였겠지만 실은 전혀 그렇지 않았다. 홈스쿨 네트워크에 들어가면 나보다 더 열심히 홈스쿨링 하는 엄마들이 지천에 널렸고, 암송학교에 가면 나보다 더 열정적으로 암송 훈련을 하는 엄마들이 우글우글하다. 입양 역시 입양기관에만 가면 입양을 원하는 무수히 많은 사람들이 번호표를 뽑고 대기 중이다. 그리고 입양이 우리에게는 분명히 큰 축복이었지만 여러 사람 앞에 딱히 자랑할 일은 아니라고 생각했다. 그렇다면 내가 책을 쓸 특별한 이유가 없다. 게다가 이렇게 젊은 나이에 말이다. 또 아이들은 마냥 어리고 아직도 매일이 전쟁인데 얘깃거리가 있다 한들 어쩌랴? 용두사미로 끝내고 싶지 않은 마음에 딱 잘라 거절했다. 남편도 나랑 같은 생각이었다. 모름지기 책이란 시대의 지성이나 문학의 대가들 혹은 훌륭한 목사님들이나 간증 거리가 많은 사람들이 쓸 수 있는 거라고 생각했다. 그런데 겨우 육아일기 쓰고 있는 내가? 행여 누가 알고 비웃을까 봐 얼굴이 화끈거렸다.

한 번 해본 이야기였고 내가 사양하면 끝날 일이라고 생각했는데 그렇지 않았다. 출판사는 포기하지 않고 나를 설득하기 시작했다. 내가 지금 책을 써야 할 이런저런 이유들을 대는데, 대부분은 굳이 지금 쓰지 않아도 될 이유였다. 그러나 "책을 한 번 써보면 그동안의 모든 것이 다 정리가 될 것"이라는 마지막 말이 귀에 딱 꽂혔다. 전화를 끊고 난 후에도 그 말이 계속 머릿속을 맴돌았다.

그동안의 모든 것이 다 정리가 될 것이다.

상당히 끌렸다. 그래서 마음을 바꿨다. 결혼 전의 나, 그리고 결혼해서 지금까지의 그 엄청난 변화와 많은 일들. 그 가운데에서 한 번도 진지하고 구체적으로 돌아보지 못했던 내 이야기들이 정리가 될 거라는 말에 용기를 내보기로 했다. 그러나 막상 책을 쓰려고 하니 무슨 이야기를 어디서부터 어떻게 시작해야 할지 너무 막막했다. 어려웠다. 일단 글을 써놓고 다시 읽어보면 무슨 말을 하려는 건지 나도 알 수 없는 말들이 활자로 이어져 있었다. 이런 이야기를 사람들이 왜 읽어야 하나, 우습기까지 했다. 정말 책은 아무나 쓰는 게 아니구나 싶었다. 그러다 아이들 이야기를 필두로 해서 어찌어찌 가닥이 잡혔는데 아이들을 다 재워놓고 밤 10시쯤부터 쓰기 시작해서 새벽 서너 시까지 두 달 동안 쓰니 마침내 책 한 권이 완성되었다. 그렇게 나온 것이 『성경 먹이는 엄마』다.

나는 이 책이 우리 가족 사진과 아이들 사진이 곳곳에 들어간 나만의 책으로 간직될 줄 알았다. 그래서 출간 후 며칠은 아는 사람들 몇에게 강매라도 해야 하지 않겠느냐고 우스갯소리를 주고받기도 했다. 그러나 예상과 달리 이 책이 큰 사랑을 받았다. 나도 이 책 덕분에 곳곳에서 많은 사랑을 받을 수 있었다. 시댁에 가면 아직도 이 책의 신문 광고가 한쪽에 떡 하니 붙어 있다. 그 기사를 볼 때마다 기분이 으쓱해졌다가도 민망해지고 다시 으쓱해졌다가도 부끄러운 생각에 어디로 숨고만 싶어진다. 교회에는 책 이야기를 꺼내지도 않았다. 책에 쓴 모든 것이 오직 하나님의 은혜로 가능했다는 것을 나 스스로 너무 잘 알고 있었기 때문이다. 이 책이 이렇게 큰 사랑을 받는 것도 내가 전적으로 잘해서가 아님을 잘 알았기에 나는 그저 조용히 숨고만 싶었다.

그해 가을. 남편은 담임목사로 취임한 지 2년이 되어 교회법에 따라 위임예배를 드렸다. 본인의 교회 사역 때문에 한 번도 우리 교회 행사에 못 오셨던 아버님이 주일 저녁, 겨우 시간을 맞춰 올라오셨다. 그날 사진에 남은 아버님의 표정을 보면 맏아들이 한 교회의 담임목사가 된다는 자랑스러움이나 감격은 전혀 보이지 않는다. 굳은 얼굴로 깊은 생각에 잠긴 표정이다. 고개를 약간 숙이고 눈물을 참는 것처럼 보이는 사진도 있다. 그날 아버님은 무슨 생각을 하셨을까? 담임목사로서는 처음 보는 아들 모습이 낯설었을까? 아니면, 아들의 얼굴에서 다른 무엇을 읽으셨을까? 모두가 기쁘게 드린 그 예배에서 아버님만 유독 심란해 보이기까지 했던 이유는 무엇이었을까? 그것이 뭔지 정확히는 알 수 없지만 아마도 우리를 위한 마음이지 않았을까? 이미 목사로 한 교회를 섬기고 있던 아버님은 그 길을 그대로 걸을 아들의 앞날을 미리 내다보며 자식의 일이 마치 본인의 일인 양 저절로 걱정이 되었던 것은 아닐까? 그것이 바로 부모의 마음, 아버지의 마음이 아닐까 싶다.

남편보다 두 살 아래인 도련님은 혼기가 꽉 차도록 결혼을 하지 않아서 식구들 모두의 은근한 걱정을 샀다. 그러던 차에 반가운 소식이 들려왔다. 드디어 결혼할 아가씨를 찾았다는 것이다. 시집 온 지 햇수로 13년째, 남편 밑으로 줄줄이 딸린 도련님과 사촌 도련님들이 아무도 결혼을 하지 않아서, 나는 목이 빠질 지경이었다. 하루라도 빨리 동서들을 맞아 친 동기간처럼 지내고 싶었다. 친정에서도 오빠들만 있었고 시집 와서도 맨 도련님들뿐인데 장가들 생각들을 안 하니 영 재미가 없었다. 그런데 드디어 우리 도련님이 장가를 간다. 나는 동서가 아니라 마치 여동생이 생기는 것 같은 기분에 무척이나 설레고 들떴다. 어떤 아가씨일까?

좀처럼 우리를 불러 내리지 않는 아버님이 상견례를 하니 우리도 내려와서 같이 참석하라고 하셨다. 우리는 기쁜 마음으로 부산에 내려갔다. 어머님은 사랑하는 둘째 아들이 데리고 온 아가씨가 마음에 쏙 들었는지 기분이 무척 좋아 보였다. 어머님 마음에 들기 쉽지 않은데 다행스러운 일이었다. 그런데 어머님을 통해 동서가 될 사람의 이야기를 듣는데 들으면 들을수록 이상한 기분이 들었다. 흠잡을

데 없이 곱게 자란 며느릿감을 어머님의 특기대로 하나하나 실감 나게 칭찬해주시는데 어머님이 고르신 그 자랑거리가 하필이면 내게는 없거나 부족한 면이었다. '이걸 어떻게 받아들여야 하나? 그동안 내가 마음에 안 드셨던 걸 새사람과 비교하여 이렇게 표현하시는 건가? 어머, 어머! 그렇다면 이거 정말 기분 나쁜 일인데! 어떡하지?' 쫓아가서 일러바칠 시할머니도 안 계시고, 아버님께 이르자니 차마 입이 안 떨어진다. 이럴 때 바라볼 사람은 남편밖에 없는데, 똑같은 이야기를 듣고 있는 남편의 얼굴은 아무 생각이 없어 보인다. 전혀 나처럼 생각하지 않는 표정이다. 그렇게 나는 동서가 될 사람의 얼굴도 보기 전에 열부터 받아버렸다. 아니, 내가 누군데 그 애송이와 나를 비교하신단 말인가! 시할아버지, 시할머니, 그리고 시외할머니, 즉 당신의 친정어머니 장례까지 함께 치른 내가 아닌가! 게다가 이 집안의 장손을 낳아서 두 할머니께 보여드리고 아버님 어머님 품에 안겨드린 이 큰며느리를 아무것도 모르는 그 사람이랑 비교하시다니. 생각할수록 섭섭했다.

　며칠을 꽁해 있다가 마음을 풀었다. 봐드리기로 했다. 새사람이 마음에 들어 들떠 계신 어머님의 흥분도 가라앉을 때가 오겠지, 아차! 하실 때가 오겠지. 이해하고 넘어가기로 했다. 어쩌겠나. 좋은 일에 얼굴 붉히고 있으면 맏며느리가 아니지.

결혼식이 열리는 부산의 한 교회. 식장에서 보니 아버님 어머님이 그동안 얼마나 많이 늙으셨는지가 새삼스레 느껴졌다. 손자가 셋이나 되는 할아버지 할머니였지만 손주들 덕분에 호칭이 그런 것뿐 한 번도 노인이라고 생각해본 적이 없었다. 그런데 두 분은 내 결혼식 때에 비해 정말 많이 연로해 보이셨다. 그 모습을 보니 더 연세 드시기 전에 도련님이 결혼을 하게 되어 정말 다행이라는 생각이 들었다. 그날의 신부, 즉 나의 동서는 내가 그동안 봐왔던 어떤 신부들보다도 더 예뻤다. 어린 신부는 한 송이 작은 꽃봉오리처럼, 새벽 무렵 아직 활짝 피지 않은 연분홍색 장미꽃처럼 촉촉하고 싱그럽게 예뻤다. 웃는 얼굴만 봐도 온순하고 착한 사람이라는 게 느껴졌다. 조용하고 낮은 음성도 마음에 들었고 사투리도 억세지 않아 무척이나 귀여웠다. 그래서 나는 그 자리에서 그녀를 누구보다 나와 가깝게 지낼 친 동서로 뜨겁게 환영하며 반갑게 맞이했다.

그리고 초겨울. 예정대로 막내딸을 만날 시간이 다가왔다. 우리 큰딸은 아직 세 살밖에 안 됐지만 보는 사람마다 장차 미인이 될 거라며 입에 침이 마르게 칭찬을 한다. 미모의 언니를 둔 우리 막내딸. 어쩌면 끊임없이 외모로 언니와 비교당하며 자랄 운명이 될지도 모른다. 아무에게도 말 못할 걱정을 안고 막내딸을 만나러 갔다. 그러나 아이를 만난 바로 그 순간 나는 하나님의 신묘막측하심에 두 손을 들고 말았다. 언니오빠에게는 없는 새로운 매력을 잔뜩 가진 아기였다. 누구에게도 밀리지 않을 개성 넘치는 아기가 내 막내딸이었다. 아기를 계속 가져볼까? 아기가 생길 때마다 하나님의 창의는 어디까지인지 내 눈으로 직접 볼 수 있겠다 싶은 마음이 들었다. 그만큼 막내딸은 내 마음을 흡족하게 채워주었다. 마음에 쏙 드는 여자를 둘이나 만난 한 해, 나는 더 이상 외로운 사람이 아니었다.

이른 봄 아무도 몰래 조용히 피는 하얀 목련꽃 같은 첫 인상을 준 우리 막내딸. 딸은 다 같은 줄 알고 아무 준비도, 어떤 대책도 세우지 않은 일상 속으로 네 번째 아기가 왔다. 그런데 8개월이 넘어서자 아이는 예상을 벗어나기 시작했다. 날이 갈수록 화려해지는 이 아이의 눈부신 활약과 그 엄청난 여파에 나는 무척 놀랐다. 매일 아침 기진맥진한 상태에서 일어나 하루 종일 육아와 살림, 그리고 홈스쿨 학습에 허덕이다가 늦은 밤 탈진 상태로 쓰러져 자기 바빴다. 엄마 노릇이 얼마나 벅차고 힘들던지, 잠깐 홈스쿨링을 접기도 했다. 기본적인 학습이 도저히 이루어지지 않아 아이들을 대안학교에 보냈다. 그러나 학비를 감당하기 어려웠고 대안학교 바라지하는 것이 홈스쿨링만큼이나 힘들어 그마저도 한 학기 만에 포기해야 했다. 아이들을 다시 집으로 들어앉혔더니 얼마나 서럽게 대성통곡을 하던지. 엄마가 되고 나서 이런 시련은 처음이었다. 자신만만했던가, 기세등등했던가. 지난날의 나는 적어도 아이를 데리고 어쩔 줄 몰라 하는 서툰 엄마는 아니었다. 아이 때문에 쩔쩔매는 엄마들을 보면 안돼 보였지만 자기만족을 위해 뭔가를 포기하지 못해서라고 생각했었다. 나는 하나를 키우나 두셋을 키우나 어렵지도 버겁지도 않았다. 때문에 넷도, 다섯도, 아홉도, 열도 내 힘만 따라준다면 훈련시켜가며 얼마든지 키울 수 있다고 자부했었다. 그런데 그렇지 않았다. 넷째를 채워서 아이 넷을 길러보니 내게는 그 넷이 한계였다. 그때 깨달았다. 내게는 넷이 누군가에게는 하나가 될 수도 있고 둘이 될 수도 있겠구나. 또 누군가에게는 다섯이 될 수도 있고 열이 될 수도 있는 것처럼 말이다. 회개하고 또 회개했다. 엄마로 걸어온 세월 동안 내 지혜를 자랑했던 오만함을 주님 앞에 엎드려서 눈물 콧물 쏟아가며 회개했다.

이 시기에는 아이들도 안됐고 나도 안됐었지만 가장 불쌍한 건 남편이었다. 남편은 막 건축을 시작한 한 교회의 담임목사였다. 모텔 간판이 교회 간판보다 더 큰 상가건물에서 날로 번성해가는 모텔과 퇴폐업소들 사이에 우리 교회가 끼어 있었다. 젊은 부모들은 여기서 무슨 다음 세대를 논하느냐며 교회를 떠나기 시작했다. 교회는 때가 왔다고 생각하여 건축을 하기로 했다. 모든 결정과 그에 따른 최종 책임을 져야 하는 남편의 어깨는 무척이나 무거워 보였다. 그러나 지친 몸과 마음을 쉬러 겨우 집에 와 현관문을 열면 또 다른 가혹한 현실과 만나야 했다. 큰딸은 울고 있고 막내딸은 돌아다니며 사고를 치고 있다. 두 아들은 동생들을 따라다니며 뒷수습을 하느라

짜증이 잔뜩 나 있고 아내는 종일 얼마나 시달렸는지를 보여주기라도 하듯 일단 쓰러져 있으니 이 꼴을 보고 얼마나 기가 막혔을까? 상황종료, 우리에게 상황종료의 순간은 좀처럼 찾아오지 않았다. 계속해서 비상벨이 울렸다. 남편은 어디서도 맘 편히 쉴 수 없었다. 얼마나 미안했는지 모른다. 우리, 참 괜찮은 청춘이었는데 그 청춘은 우리도 모르게 사라져버렸다. 나는 네 아이의 엄마가 되어 폭삭 늙어버렸고, 남편은 집안과 바깥일이 지운 책임에 퉁퉁 부어 있었다. 많이 늙으셨소. 왜 이렇게 부으셨소. 웃을 수밖에 별다른 도리가 없는 시간을 보내며 '우리에게도 곧 좋은 날이 오겠지, 이 시간도 금방 지나가겠지' 하고 서로 달래며 살았다. 한순간도 지구가 멈춰 서지 않고 해와 달이 멈추지 않고 뜨고 지며 계속해서 시간이 흐르게 하시는 창조주 하나님의 은혜가 참으로 감사했던 시간들이었다.

　예배가 아니었으면 그 시간을 어떻게 견딜 수 있었을까? 딸들을 유치원과 어린이집에 보내고 아들들과 드리던 아침예배, 암송과 말씀읽기와 기도로 정오까지 이어지던 그 예배가 아니었으면, 아이들을 양옆에 주렁주렁 앉혀놓고 재워놓고 드렸던 수요예배가 아니었으면, 혼자 가서 엉엉 울고 오던 금요기도회가 아니었으면, 어린양의 보좌에서 흘러나오는 생명수와 같은 말씀에 온 몸을 푹 담그는 것 같았던 주일예배가 아니었으면 난 끓어오르다 못해 바닥까지 다

타버렸을 것이다. 내 적나라한 현실을 주님이 예배의 은혜로 덮어

주시고 감싸주시던 시기였다.

2009년 봄여름가을겨울

내가 처음 경험한 교회 건축은 주일학교 어린이였을 때 친정 교회에서였다. 선생님은 내 이름으로 드리는 이 작은 헌금이 장차 완성될 교회 건물의 빨간 벽돌 한 장이 될 거라고 하셨다. 그 말씀이 얼마나 인상적이었는지, 내가 헌금을 하지 않으면 좌표상 내 자리인 어느 벽돌이 이 빠지듯 빠져 있을 건물이 연상되어 절대 그런 일이 생기면 안 되겠다 싶어 열심히 헌금을 해야겠다고 마음먹었다. 나와 친구들은 성실히 건축헌금을 했고, 우리가 고등학생이 될 무렵 교회는 빠진 벽돌 한 장 없는 멋진 건물로 건축을 성공리에 마쳤다.

내가 두 번째로 경험한 교회 건축이 지금 우리 교회에서였는데 그새 세상은 많이 달라져 있었다. 그래도 교회 다니는 사람은 좀 다르다고 한 번쯤은 더 믿어주던 시대에서 기독교가 개독교라고 조롱받는 시대로 바뀌어버렸다. 어쩌겠는가, 이게 다 교회 다니는 우리 탓인 것을. 그러나 건축 과정을 옆에서 지켜보면서 우리가 정말 해도 해도 너무한 세상에서 살고 있음을 실감하게 되었다. 우리 교회가 어떤 불법이나 위법 없이, 청탁이나 뇌물도 없이 건축을 진행하려는 것을 알고서 세상은 우리를 실컷 골탕먹이는 것만으로 모자라 숫제 가지고 놀려고 들었다. 쓰레기가 나뒹구는 나대지에 밤마다 오토바이들이 떼거지로 몰려와서 불장난을 하며 놀 때에는 "초등학교 옆에 우범지대가 웬 말이냐?" 식의 플래카드 하나 안 걸던 사람들이 그 자리에 교회가 들어온다니 교회로부터 아이들을 지켜야 한다며 똘똘 뭉쳐 싸움을 걸어왔다. 그 싸움에서 교회 대표로 나서야 했던 남편은 모멸감과 분노에 입이 바싹 타다 못해 혀가 말리는 지경까지 가기도 했다.

덕분에 감사한 일도 있었다. 교회가 하나 되어 기도하기 시작한 것이다. 이제껏 교회가 요상한 상가건물에 있다는 이유로 이단으로 오해받은 게 핍박이라면 핍박의 전부였다. 그런데 이제 교회가 번듯한 건물을 지으려고 하자 세상은 노골적으로 방해하며 시비를 걸어왔다. 그 뒤에서 모든 것을 조종하고 있는 원수 마귀를 감지한 교회는 더 이상 가만히 있지 않기로 결단했다. 우리는 힘을 합쳐 기도하기 시작했다. 100년 만에 찾아온 이상기온으로 유난스러운 해였지만 무릎까지 푹푹 빠지는 폭설도 우리 교인들의 발을 묶을 수는 없었다. 기도가 이어지면서 교회는 건축을 넘어 진정한 의미의 교회, 예수 그리스도의 몸 된 공동체가 기초부터 든든하게, 튼튼하게 세워져 가는 것을 볼 수 있었다. 이것이 바로 하나님께서 우리에게 원하시는 것 아닌가! "고난당한 것이 내게 유익"이라는 말씀이 우리 교회에서 이루어져 가고 있었다. 원수가 장애물을 들이대면 온 성도의 기도를 들으신 하나님께서 그 장애물을 걷어주시고, 또 하나를 들이대면 또 기도하여 걷어내는 과정의 연속이었다. 기도 없이 다음 단계로 넘어간 적이 한 번도 없다. 그래서 힘들었던 것만큼 신이 났고 다음 일이 더 기대가 되었다. 이런 시간을 통해 남편과 나는 성도들과 하나가 되어가는 것에 행복해했고, 매일 저녁 건축 현장을 찾아가 땅을 파고 기초를 쌓고 건물이 올라가고 틀이 잡히는 모습을 보면서 고단한 마음을 씻어내고 감사를 가득 채워 돌아왔다.

2월에 아버님 정년 퇴임식이 있었다. 학문에 정진했던 기나긴 시간을 마치고 이제 그 노고를 치하하여 안식을 선물하는 시간이 온 것이다. 학업의 문을 여는 시간이 비장하고 힘들었던 것에 비해 그 문을 닫는 시간의 아버님은 담담하고 홀가분해 보였다. 오히려 아버님은 이제야 목회에 전념할 수 있게 되었다고 기뻐하시는 것 같았다. 아버님의 미소는 이제 늙어가는 일만 남은 노인의 미소가 아니라 노동의 의무를 벗고 사명에 전념하려는 사명자의 미소였다. 퇴임 선물로 준비해간 한복을 두루마기까지 갖춰 입고 서신 아버님과 그 옆의 어머님을 보니 세월의 흔적이 고스란히 드러났다. 그새 다섯으로 늘어난 손자 손녀들 덕분에 두 분은 할아버지 할머니 티가 더 팍팍 났다. 축하하러 온 사람들 대부분이 노인이었고, 아버님 제자들도 누군가의 선생이면 선생이지 제자로는 안 보이는 흰머리 성성한 사람들이 많았다. 베데스다 교회 개척 당시부터 함께해온 교인들에게도 세월의 흔적은 비켜가지 않았다. 어린아이들은 어느새 장성한 청년이 되어 있었다. 잊지 않고 그 자리까지 와준 형제와 자매들이 참 고맙고 대견했다. 내가 이분들 옆에서 짧지 않은 세월을 함께 보냈구나. 지난날은 찰나 같기만 한데 한 번 더 그 찰나가 지나면 나도 아버님 어머님처럼 되겠지 하는 생각에 기분이 묘했다. 그러나 두 분은 감상에 젖어 있지 않았다. 식은 식일 뿐, 식이 끝나자 두 분은 곧바로 일상으로 돌아왔다. 아버님은 설교 준비를 하셨고, 어머님은 강대상에 놓을 꽃을 사오시더니 곧바로 성경공부 모임을 인도하러 가셨다.

한국교회에 교회 건축 사례가 백 년 넘게 이어져 내려오면서 생긴 나름 근거 있다는 루머가 몇 개 있다. 교회 건축을 마치면 담임목사가 죽거나, 쫓겨나거나, 부흥하거나 셋 중 하나라는 것이다. 이 이야기를 처음 들었을 때는 별 소리도 다 있다고 웃어 넘겼는데, 일의 진행을 지켜보자니 내 남편이 꼭 죽게 생겨서 그 말이 아예 근거 없는 소리는 아니라는 생각이 들었다. 교회 건축의 모든 진행 과정을 어른들께 낱낱이 보고할 수는 없고 그저 잘 되고 있다고, 교인들이 한마음으로 기도하고 있다고만 말씀드렸다. 그러나 아버님 어머님은 마치 당신들이 교회를 짓는 것처럼 우리 교회의 건축을 가장 큰 기도제목으로 삼고 원수의 방해가 없도록, 시험에 드는 교인이 없도록 마음을 다해 계속 기도해주셨다. 안개 자욱한 길에 등불 같은 기도였다.

드디어 교회가 완공되었다. 책 한 권은 족히 채우고도 남을 기가 찬 사연을 지닌 건물 하나가 완성된 것이다. 아버님은 첫 예배를 드리고 나서야 교회를 보러 오셨다. 그리고 애정 가득한 눈길로 교회를 구석구석 둘러보시고는 아들에게 이렇게 말씀하셨다. 모아둔 돈이 있어 헌금을 해야겠는데 건축헌금을 하고 싶다고, 그런데 당신이 교회를 건축하게 될 것 같지는 않고, 아들이 건축을 하고 있으니 남서울평촌교회에 건축헌금으로 드리는 게 맞는 것 같다는 말씀이셨다.

나는 그 이야기를 듣고 조금 다른 생각이 들었다. 아버님께 직접 여쭤보지 않아서 확인할 길은 없지만, '아버님이 아들의 얼굴을 세워주시려 하는구나' 했다. 지금도 이 생각에는 변함이 없다. 늘 아버님의 사랑에 빚지고 살았지만 '아, 부모란 이런 존재구나, 부모 마음이란 이런 것이구나', 또 한 번 가슴 깊이 느꼈던 순간이다. 남편은 예정에 없던 돈이 생기자 기다렸다는 듯 당장 주일학교를 위해 최고급 의자를 사고, 키 큰 장을 맞춰 교사들이 마음껏 쓸 수 있도록 했다. 아버님의 헌금 덕분이었다.

이렇게 교회 건축을 마치고 우리는 한 번 더 미국으로 건너갔다. 이 교회를 개척한 목사님과 함께 건축을 끝낸 예배당에서 하늘나라 말씀 잔치를 벌이고 싶은데, 목사님이 계속 사양을 하셨던 것이다. 미국에 있는 교회에 가서 목사님을 좀 보내달라고 허락을 구했다.

그렇게 해서 우리 교회는 그해 가을, 온 교인의 감격 속에 초대 담임목사님과 함께 홈커밍데이를 겸한 말씀사경회를 열 수 있었다.

미래를 감춰놓으신 하나님은 그분의 뜻을 이루기 위해 그분이 정한 때를 따라 우리를 인도하신다. 그리고 모든 것이 합력하여 선을 이루도록 하신다. 우리가 미래를 다 알 수 있다면 속은 시원할지 모르지만 우리 인생은 생각만큼 행복하지도 재미있지도 않을 것이다.

아버님이 '이 나이에 내가 건축을 할 수 있을까' 고민하다가 할 수 없다는 판단을 내리고 아들에게 다 양보하시고 난 뒤에야 하나님은 베데스다 교회의 건축 문을 열어주셨다. 이것이 내가 세 번째로 경험한 교회 건축이다. 그런데 이 교회는 우리와 달리 모든 것이 순조로워 보였다. 하나님은 골목마다 계단마다 진행요원들을 숨겨놓으셨다가 도움이 필요한 순간 그들을 순서대로 착착 내보내서 '이게 필요한 것 아니냐?' 하시는 것 같았다. 게다가 새로 지은 교회의 위치는 지금도 좋은데 앞으로는 더 환상적으로 발전할 예정이었다. 나중에 알고 보니 어떤 사람이 그 일대에서 종교 부지를 찾다가 보이지 않아 중도에 포기했다고 한다. 결국 그 자리는 하나님의 손안에 꼭꼭 숨어 있다가 베데스다 교회에게로 돌아갔다. 지독하고 고통스러운 늪을 겨우겨우 헤어나는 것 같았던 우리 교회와는 어쩌면 그렇게 대조가 되던지. 교회 건축의 시작과 진행 상황을 들뜬 아이처럼 몇 번이고 반복해서 들려주시는 아버님과 어머님의 밝은 얼굴을 보고 있으면 이분들은 힘들지 않아서 다행이다 싶어 나까지 덩달아 기분이 좋아졌다. 한편으로는 아버님 곁에 붙어 있으면 이렇게 다 수월해지는 걸, 하고 집 나간 자식이나 할 법한 후회 비슷한 기분이 들기도 했다.

이렇게 한 집안이 두 교회를 건축하는 은혜와 감격으로 넘칠 때에 남편의 몸은 이상 신호를 보내왔다. 남편은 밤에 잠이 잘 오지 않는다고 얘기하기 시작했다. 그러다 말겠지. 갑자기 긴장이 풀려서 나타나는 일시적인 증상이라 생각했다. 그동안 너무 힘들게 일하고 신경을 많이 쓴 탓일 것이다. 조금 쉬다 보면 괜찮아질 것이다. 그래도 몸이 어디 아픈 것보다는 이쪽이 낫다. 본인도 처음엔 그렇게 생각했다. 평소 운동을 좋아하는 남편은 격하게 운동을 하고 나면 피곤해서라도 잠이 오겠지 싶어서 자전거를 타고 한강변을 돌며 몸을 혹사시켜봤지만 모두 헛수고였다. 잠을 이루기 위한 어떤 노력도 다 허사였다.

불면증만으로도 녹초가 될 지경인데 증상은 그것만이 아니었다. 남편은 일주일에 몇 번씩 만나는 교회 중직자들의 이름이 갑자기 생각나지 않아 애를 먹었다. 심각한 건망증에 빠진 것이다. 자꾸 난처한 상황이 생기기 시작했다. 교인들의 형편과 사정을 기억하고 목양을 해야 하는 입장에서는 정말 당혹스러운 일이었다. 곧이어 남편은 한쪽 머리가 깨질듯 아프다고 편두통을 호소했다. 건강에 이상이 생긴 것이 분명하다. 우리는 곧장 병원을 찾아가 정밀검사를 했다. 그러나 결과는 지극히 정상이었다. 결과를 듣고 나는 안심을 했는데 남편은 아니었다. 울고 싶어 하는 얼굴이었다. "아, 여기가 아프셨군요. 여기가 아파서 이런저런 증상들이 있었던 거랍니다. 그동안 얼마나 힘드셨어요? 이제 치료를 받으면 곧 좋아지실 겁니다." 이런 이야기가 듣고 싶었던 것이다. 남편은 오히려 모든 것이 정상이라는 의사의 말에 야속해 했다.

게다가 남편은 갑자기 중증의 폐소공포증까지 보였다. 불을 끄고 자려고 누웠다가도 벌떡 일어나서 거실로 뛰쳐나가기 일쑤였다. 너무너무 답답하다고 했다. 이불도 덮지 못했고 화장실 문도 닫지 못했다. 비행기를 타면 제발 내리게 해달라고 소리를 지르고 싶은 충동으로 곤욕을 치르더니 진정제 없이는 비행기도 못 타는 사람이 돼버렸다. 이 시기에 남편은 목숨을 걸고 간신히 비행기를 타고서 선교지에 찾아가는 목사였다. 아파트 베란다에 서서 눈앞에 보이는 모든 것이 너무 답답하다고, 저 파란 하늘이 파란색 뚜껑처럼 여겨진다고, 어서 예수님이 오셨으면 좋겠다고 말하는 그의 얼굴을 보면 정말 기가 막혔다.

　이게 대체 무슨 일이란 말인가!

　나는 그게 어떤 기분인지 도무지 이해가 되지 않았다. 답답한 것도 알겠고 그래서 힘든 것도 알겠는데 그게 어떤 식의 어려움인지, 얼마나 답답하면 비행기에서 뛰어내리고 싶은 충동까지 이는지 당최 이해할 수가 없었다. 그래서 입장을 바꿔 생각해보았다. 내게 공포란 놀이동산에서 생긴다. 나는 롤러코스터나 바이킹을 타면 거의 까무러치는 사람이다. 너무 무서워서 소리를 지르다 이윽고 눈물, 콧물, 침까지 흘리며 온 몸을 벌벌 떨다가 부축을 받고서야 겨우 내려올 수 있다. 꼬마들도 웃으면서 타는 놀이기구가 내게는 공포의 대상이다. 아이들 때문에 몇 번 도전을 해봤지만 결과는 늘 같다. 새파랗게 질린 내 얼굴을 보고는 우리 아이들이 더 놀랄 정도다. 그래서 놀이동산에서 내가 유일하게 탈 수 있는 건 회전목마밖에 없다. 남편이 혹시 이런 느낌일까? 내 경우에 빗대어 말하자면 남편은 끝도 없이 달리는 롤러코스터를 타고 있는 것이다. 이렇게 생각하니 정말 엄청난 고통이었다. 내가 이렇게라도 그를 이해하게 된 것은 한참이 지난 후였다. 처음에는 그냥 대수롭지 않게 생각했다. '잠을 잘 못 이루는구나. 저렇게 있다가 새벽 한두 시면 자겠지. 사람이 어떻게 잠을 안 자고 버틸 수 있겠어.' 그러고는 아이 넷 키우는 엄마답게 머리를 대기가 무섭게 잠들었다. 뜬눈으로 밤을 지새우는 남편을 옆에 두고 코까지 골아가며 쿨쿨 잔 것이다. 그동안 남편은 혼자 불면을 견뎌야 했다. 불면의 공포 속에서 저녁을 맞이했고 밤을 꼬박 새우다 아침이 밝아오면 지쳐서 나가떨어졌다. 부은 얼굴로 교회에 나가 사람들을 만나고 건망증과 싸우며 편두통을 참고 답답함의 공포를 견디며 매 순간을 살았던 것이다. 그가 얼마나 고독했을까? 두고두고 미안한 일이다.

2012년 봄 그리고 겨울

교회 건축이 끝난 이후에도 우리의 기도는 멈추지 않았다. 우리가 함께 지은 이 교회당이 이 시대의 구원의 방주가 되기를, 이곳에서 깨어진 가정이 회복되며, 소망을 잃은 다음 세대가 소망을 찾기를 온 성도가 함께 기도하며 예배를 드렸다. 교회 건축의 여독을 풀고 부채상환의 짐도 잠깐 내려놓고 쉬어갈 수 있게 된 바로 그날. 그동안 수고 많았다고 스스로를 격려한 바로 그날부터 남편은 밤에 잠이 오지 않았다고 했다. 남편은 많이 힘들어했다. 육신이 약해지고 마음이 무거워지니 원수 마귀는 기회를 놓치지 않고 다양한 방법으로 교회를 공격해왔다. 그 수가 뻔히 보이니 가소롭기 그지없었지만 가장 약한 부분을 치고 들어오는 원수의 주먹질이 아프지 않은 건 아니었다. 이런 상황을 부모님께 모두 전할 수 없었다. 어떻게 해서든 우리 힘으로 이겨내고 싶었고 걱정 끼치고 싶지 않았다. 내가 부모라면 자식의 이런 상황을 마땅히 알아야 하지 않나 하는 생각도 들었지만 입이 쉽게 떨어지지 않았다. 어떤 예감에서였는지 어머님은 아무 일 없느냐고 자주 물어오셨지만 모든 상황을 솔직하게 말씀드릴 수는 없었다. 이 모든 것이 하나님의 섭리가 아닌가. 이렇게 약하게 만드신 것도 그분의 섭리 안에 있는 일이니 이 시간

동안 하나님 앞에 머문다면 하나님께서 이 약함을 통해 자신의 강함을 드러내시고 우리를 선한 길로 인도해주시리라 믿었다.

이런 가운데 베데스다 교회 건축의 완공 소식이 들려왔다. 입당예배 날짜가 정해졌다. 날씨 좋은 봄날, 나는 아이들과 함께 부산 가는 기차에 몸을 실었다. 남편은 아버님의 교수 정년 퇴임식에도 못 갔는데 입당예배에도 참석하지 못했다. 일정이 허락지 않아서였다. 해운대를 지나 송정을 지나 기장 초입에 깨끗하게 개발된 마을에 세워진 교회당은 근사했다. 안양시와 인근 학교의 부담스러운 관심 속에서 어마어마한 비용을 들여 힘들게 지은 우리 교회나, 일 년 만에 조용하게 지은 이 교회나 별 차이 없이 훌륭해 보였다.

교회 이름도 바꿨다. 정든 이름 베데스다 대신 새롭게 옮겨간 지역을 사랑하고 섬기자는 의미에서 지역 이름을 딴 "내리교회"로 개명했는데, 난 나중 이름이 더 정겨웠다. 마치 "내리교회"가 원래 이름이었던 것처럼 입에 착 감기는 게 마음에 꼭 들었다. 우리 교회에서도 축하하기 위한 사람들이 왔다. 감사했다. 아버님은 들뜬 기분을 감추지 못했다. 그날 본 아버님의 얼굴을 아직도 잊을 수가 없다. 엄마를 본 아기처럼, 생각지 못한 큰 선물을 받은 어린아이처럼, 불쑥 찾아온 애인을 만난 아가씨처럼 흥분과 홍조가 얼굴에서 가시

지 않았다. 남 앞에서는 좋은 것도 덜어낼 줄 아는 예전의 아버님이
아니었다. 체면치레 따위는 벗어던지고 마음껏 좋아하고 표현하시
는 모습을 보니 그 옛날 옷이 벗겨지도록 춤을 췄다는 어느 왕이 떠
올랐다.

한편 남서울평촌교회는 남편의 안식년을 준비하기 시작했다. 전
임 사역을 시작한 2000년도부터 지금까지 쉬지 않고 달려오기만
했으니 안식이 필요했으나 지금은 치료와 요양이 우선이었다. 안식
년을 알차게 지낼 몇 가지 계획을 세워뒀지만 남편은 모든 것을 포
기했다. 어떤 것도 할 자신이 없다는 것이다. 그간 힘들게 버텨온
남편의 상태는 급속도로 악화되고 있었다.

주체할 수 없는 몸과 마음의 이상 징후를 떨쳐내려고 자전거를
타고 죽어라고 내달리던 어느 날, 사고가 났으니 자기를 좀 데리러
오라는 남편의 연락을 받았다. 목소리가 너무 멀쩡해서 마음을 놓
고 현장에 가보니, 큰 부상을 입은 상대방은 벌써 병원으로 실려갔
고 다친 곳이 없어 보이는 남편은 뒤처리를 하고 있었다. 경찰서에
가서야 사고 현장을 제대로 볼 수 있었다. 현장을 찍은 여러 장의
사진 속에서 남편은 꼭 죽은 사람 같았다. 사고 순간 자전거에서 튕
겨 나와 땅바닥에 떨어지면서 잠깐 정신을 잃은 것이다. 아스팔트

위에 정신을 잃고 팔다리를 축 늘어뜨린 채 누워 있는 남편.

너무나 충격적이었다. 사진 속의 모습과 지금 내 옆에 앉아 있는 모습과 미래의 알 수 없는 모습이 동시에 어지럽게 겹쳐지면서 이 사람이 혼자 겪고 있는 이 모든 일이 이 사람을 얼마나 상하게 하고 있는지를 뼈아프게 실감했다. 그제서야 비로소 버텨보라고, 낫지 않겠느냐고, 마음의 병이니 이겨내면 되지 않겠느냐고 하는 건 이 사람에게 너무 가혹하다는 생각이 들었다. 한 부분은 아프고 힘들지만 다른 한 부분은 멀쩡해 보이는 날들이 언제까지 계속되지는 않을 것이다. 100퍼센트 상대방 과실이라고, 이제 집으로 돌아가라는 소리를 듣고 나서야 우리는 경찰서를 빠져 나왔다. 집에서 저녁도 못 먹고 우리를 기다리고 있는 아이들 때문에 서둘러 집으로 돌아오면서 남편도 나도 참 우울했다.

며칠 뒤 남편은 이래저래 힘든 마음을 하소연이라도 하고 싶은 마음에 선배 목사님을 만나러 갔다가 흥분에 차서 돌아왔다. 드디어 이 긴 싸움의 실마리를 찾았던 것이다. 그 목사님은 이런 증상에 대해 아주 잘 알고 계셨다. 방법은 간단했다. 뼈가 부러지거나 살이 찢어져서 피가 나면 병원에 가서 치료를 받는 것처럼 이것도 병이니 버티려고만 하지 말고 의사의 도움을 받으라는 것이었다. 그러면 훨씬 견디기 쉽고 더 빨리 나을 수 있을 거라고 말이다. 선배 목사님은 참지 말고 당장 병원에 가라고 하셨다. 그리고 그분은 남편에게 가장 필요했던 말을 한 마디 해주셨다.

"아니, 그 상태로 목회를 하다니, 그동안 얼마나 힘들었소?"

남편은 이 말 한 마디에 병이 반은 나은 것 같다고 했다. 그리고 그분의 소개로 그 다음날 의사를 만났다. 의사는 그때부터 넘치지도, 모자라지도 않게 단계와 강약과 완급을 조절해가며 남편의 완치를 도왔다.

11월의 차가운 바람이 세차게 불던 인천 연안부두.

바람이 너무 세고 파도가 높아서 다른 배들은 모두 운항을 취소했는데, 우리가 제주도로 가기 위해 타야 했던 그 배만은 유독 기상 상태를 무시하고 예정대로 출발을 강행했다. 배가 커서 별 문제 없다는 이유에서였다. 순진한 우리가 뭘 알겠는가. 우리는 오히려 다행이라고 생각하며 배웅을 나온 장로님들과 권사님들께 감사 인사를 하고 배에 올랐다. 그 밤 내내, 그 안에서 얼마나 큰 파도가 일고 있는지를 고스란히 느끼면서도 우리는 그 배를 믿고 온 식구가 단잠을 잤다. 그 배가 바로 청해진해운 소유인 세월호의 쌍둥이 배, 오하마나호다. 그렇게 우리 여섯 식구는 안식년을 지내러 제주도로 떠났다.

2013년 봄

초겨울 세찬 파도를 타고 들어간 제주도 서귀포. 겨울 내내 꽃이 지지 않는 땅. 대자연이 내뿜는 생명의 기운이 충만한 곳. 걸음을 멈추고 서서 바람을 쐬며 햇빛을 쐬며 새소리에 귀를 기울이면 이상한 기분이 들었다. 피가 도는 것 같기도 하고 세포가 깨어나는 것 같기도 하고 뭔가가 떨어져 나가는 것 같기도 했다. 흐름을 타지 못하고 고여 있기만 했던 저 깊숙한 어디까지 드디어 기운이 닿아 파문이 일어나고 있는 것 같았다. 시간을 벗어난 것 같은 기분도 들었다. 마치 내가 어렸을 적 살던 동네로 돌아간 것 같았다. 우리 아이들은 모두 내 친구들인 것 같았고 남편은 내 오빠인 것 같았다. 우리 모두 잠깐 역할을 나눠서 의상을 갖춰 입고 분장을 한 채 실컷 연극놀이를 한 기분도 들었다. 그러다 싫증도 나고 기운도 빠져서 다 벗어던지고 나앉아 있는 것 같기도 했다. 우리를 둘러싼 대자연은 이제는 우리가 알아들을 수 없게 된 태초의 언어로 계속해서 말을 걸어왔지만 하나도 알아들을 수 없었다.

대자연 앞에 서기만 하면 나는 마음이 아팠다. 내가 어디 아팠나…? 이 통증은 뭘까? 그동안 지나치게 씩씩했던 나를 아주 오랜만에 가엾게 바라보고 있노라니 지금 내가 아픈 건 병이 깊어지려는 게 아니라 낫느라 그렇다는 깨달음이 왔다. 그러니 눈물이 났다. 맑은 바닷물을 오래오래 바라보면서도, 까만 돌담들을 보면서도, 그 돌담 아래 핀 수선화를 보면서도, 돌담 위로 늘어진 가지에 달린 노란 귤을 보면서도 눈물이 났다. 그 나무 아래를 지나는 꿩을 보면서도, 그 나무 위를 나는 새들을 보면서도, 그 나무에 피는 꽃을 보면서도, 그중에서도 제일 예뻤던 애기동백꽃을 보면서도 그랬다. 겨울인데 어디서 날아왔는지 작은 벌 하나가 그 작은 꽃송이 안에서 온 몸을 비비며 노는 것을 보면서도 눈물이 났다. 말씀과 예수 그리스도라는 특별계시를 통해 이미 하나님을 만난 우리는 제주도의 자연이라는 일반계시에 넘치도록 드러나 있는 그분의 신성을 한눈에 알아챌 수 있었다. 하나님은 우리를 위해 자신을 아낌없이 드러내 보여주셨다. 이것이 우리의 참된 안식이요 참된 치료였다.

남편은 잠을 잘 잤다. 거짓말처럼 잘 자서 혹시 이제 나은 게 아닐까 하는 생각에 약을 끊으면 '메~롱, 속았지?' 하는 것처럼 불면증은 다시 고개를 내밀었다. 그런 날에는 다시 한숨도 못 자고 밤을 꼴딱 새우는 것이다. 미리 의사로부터 설명을 듣지 않았다면 크게 낙심했을 일이었다. 아직 아닌 거야, 약을 먹자. 착하게 약을 잘 먹으면 금세 잠들었지만, 일단 잠들고 나면 다리에 큰 경련이 일어났다. 그런데도 정작 본인은 경련을 느끼지 못했다. 도대체 몇 번이나 될까 횟수를 세어보았지만 세는 게 의미가 없을 정도로 경련은 끝이 없었다. 어떤 날에는 경련이 너무 신경 쓰여 일어나 앉아서 남편의 다리를 지켜보기도 했다. 왜 이러는 걸까? 약의 도움으로 잠든 남편은 모니터만 껐을 뿐 하드웨어는 계속 돌아가는 컴퓨터처럼 눈만 감고 의식만 잃었을 뿐 아직 잠들지 못하고 있는 것은 아닐까? 아직도 쉼을 얻지 못하는 것은 그의 마음인가, 영혼인가, 의식인가, 신경인가? 그렇다면 지금 쉬고 있는 것은 도대체 무엇인가? 그의 육신이라면 이 다리는 왜 이렇게 끝없이 움직이는가?

어두운 방에 혼자 앉아서 연신 움찔거리는 남편의 다리를 보는데, 생각이 여기까지 이르자 나는 갑자기 분노를 느꼈다. 이렇게 만든 모든 것에 대한 맹렬한 분노였다. 일시에 들고일어나는 수만 가지 원인들이 내 속에서 부대끼며 토할 것처럼 울렁거렸다. 울렁대는 속을 한껏 눌러놓고 결정적 원인을 찾아내려고 충혈된 눈을 번들거리며 헤매다 가 닿는 곳, 최종적이자 근본적인 원인은 다름 아닌 하나님이었다. 이렇게 결론이 나니 나는 어디다 대고 악을 써보지도, 손톱을 세워보지도 못하고 고꾸라지고 말았다. 분노는 아직 펄펄 끓고 있는데 결론은 냉정했다. 불덩어리를 안고 겨울바다에 뛰어든 꼴이니 죽을 지경이었다.

이렇게 나가떨어져 기나긴 밤을 보내고 아침을 맞으면 만물은 빛 속에서 다시 살아나고 새들은 즐거운 노래를 부르며 우리를 깨워주었다. 긴 잠을 못 자는 남편은 벌써 일어나 바다를 바라보며 햇볕 아래 말없이 앉아 있었다. 그 뒷모습을 보며 다시 하루를 시작했다. 모든 해야만 하는 것에서 벗어나기를 원했기에 우리는 하루하루를 그의 기분에 맞춰 살았다. 며칠이고 집에 머물러 있기를 원하면 그렇게, 밖으로 나가기를 원하면 그렇게 했다. 혼자 있기를 원하면 혼자 두었고, 사람들 북적이는 관광지에 가보자면 함께 갔다. 아이들은 기특하게도 이 모든 것에서 놀이를 찾아내고 웃음을 찾아내어 우리 마음을 편하게 해주었다. 낮이 주는 회복은 밤이 주는 번민보다 강했다. 햇빛이 쏟아지는 서귀포를 벗어나지 않았던 안식년 내내 잠을 자면서, 자연을 바라보면서, 말없이 햇볕을 쬐면서 우리는 조금씩 그 무언가에서 벗어나고 있었다.

안식년이 절반쯤 지났을 때, 연세가 같은 아버님 어머님의 70번째 생신이 다가왔다. 같은 달에 있다는 이유로 평생 생일파티를 양보해오신 어머님은 고희연까지도 양보하셨다. 아버님 생신에 맞춰 우리는 두 분을 제주도로 초대했다. 막내고모님도 함께 오신다고 했다. 우리는 어른들을 맞을 만반의 준비를 했다. 이제까지 목회한다는 이유로 명절에도, 생신 때도 찾아뵙지 못하는 걸 당연하게 여겨왔다. 목회한다는 생색을 내면 우리 집안에서는 다 통했고, 그것을 위해서 희생하는 건 당연한 일이었다. 아버님 어머님은 예수님을 믿고 난 다음부터는 매일이 명절이요 매일이 생일이라며, 세상 즐거움에 연연해하지 않으니 신경 쓰지 말라고 늘 말씀하셨다. 그러나 이번에는 다르지 않은가. 우리가 안식년을 보내고 있으니 어지간해서는 교회를 벗어나지 않는 두 분도 가벼운 마음으로 기쁘게 초대에 응해주셨다.

고희연 아침상을 받으신 두 분은 신식 노인답게 핸드폰을 꺼내 사진부터 찍었다. 한 차례 사진촬영이 끝나고 자손들의 절을 받은 아버님은 매우 의외의 말씀을 하셨다. "매일 생일이면 좋겠다." 정말 노인 같은 말씀을 하셔서 나는 슬쩍 웃음이 나면서도 속으로는 조금 놀랐다. 품행이나 말씀을 늘 절제했고, 바라는 것도 기대는 것도 없이 꼿꼿하게 사시던 분이 이런 말씀을 하니 기뻐서 그러신 게지 싶으면서도, 세월이 흐른 만큼 마음도 많이 약해지셨나 싶어 서글퍼지기도 했다. 결혼하고 몇 년을 아버님이랑 같이 살아본 덕에 아버님 입맛에 맞게 음식을 장만할 수 있었는데, 드실 때마다 "맛있다, 맛있다" 하셔서 나는 기분이 좋다가도 괜히 송구스러워졌다. 아버님은 댁에 계시면 늘 책상에 앉아 책을 읽거나 공부를 하셨고, 우리와 함께 대화를 하시다가도 시간이 되면 혼자서 산책을 나가시는 자율적인 분이었다. 그러던 분이 제주 집에 오셔서는 다른 할아버지들처럼 우리들이 나누는 대화에는 전혀 끼지도 않고 아이들 보는 TV만 같이 보셨다. 무슨 내용인지 관심도 없이 그저 멍하니 화면을 바라보기만 하셨다. 기분이 정말 이상했다. 노인은 노인이 되었다는 사실만으로도 쓸쓸함을 자아냈고 그것을 지켜보는 나는 그런 아버님이 무척이나 측은하게 느껴졌다. 잠깐이지만 짐을 다 내려놓은 것 같은 아버님은 곁에 계신 늙은 마나님을 점잖게 말리는 일 외에는 아무것에도 의욕이 없어 보였다. 가자면 따라 나서고 서자면 따라 서는 것 같은 느낌이었다. 행복하고 즐거운 2박 3일이었다고, 수고 많았다고, 고맙다고 인사하며 떠나시는 두 분을 배웅하면서 나는 눈물이 나오려는 걸 겨우 참았다. 아들의 상황을 짐작도 못하시게 한 것도 불효인 것 같았고, 더 오래 계시도록 잡지 않은 것도 불효인 것 같았다. 음식점의 단팥죽 사진만 봐도 그 전날 단팥죽을 맛있게 드시던 모습이 떠올라 그냥 눈물이 핑 돌았다.

우리 가족에게 잊을 수 없는 시간을 선사해준 제주도를 떠날 날을 며칠 남겨두고 있던 어느 날, 서방님으로부터 전갈이 왔다. 서방님은 아무래도 장남은 알고 있어야 할 것 같다며, 그동안 아버님 뜻이 너무 완강하셔서 따를 수밖에 없었다면서 어렵게 말을 이어나갔다. 아버님이 췌장암 3기라고. 한 달 전쯤 이상 징후가 있어서 검사했고 병명을 찾아서 이미 수술까지 끝내고 회복 중이며 경과는 좋으니 걱정하지 말고 이후의 모든 일을 계획대로 진행하라고. 긴 여행을 준비 중인 것을 알고 계시니 여행을 앞두고 인사차 들르는 바람에 알게 된 것으로 하라고 했다. 어떤 걱정도 끼치게 하지 말라는 것이 아버님 뜻이니 절대 걱정하는 기색을 내비치지 말고 가볍게 인사하고 떠나라는 말도 잊지 않았다. 아버님은 다행히도 무척 순조롭게 회복 중이시라고 했다.

속상하게도 아버님은 우리가 한 그대로 되갚아주셨다. 할 말이 없었다. 그동안의 우리 마음이 지금 아버님 마음이니 원망을 할 수도 없었다. 그렇게 우리는 무거운 마음을 안고 제주도를 나왔다.

제3부

한 통의 전화

어머님에게서 전화가 걸려왔다.

평소의 어머님 목소리가 아니었다.

당황한 기색이 역력했다.

두려움을 가라앉히려고 애쓰셨지만 그럴수록 목소리는 더 흔들렸다.

아버님 병세가 급격히 나빠지고 있으며

아침에는 구토를 하셨다고 했다.

그 모습이 얼마나 참담했으면

웬만한 일에는 잘 놀라지 않는 어머님이

이렇게 떨리는 목소리로 전화기를 붙들고 계시는 건가.

어머니, 제가 내려갈게요.

그래줄 수 있겠나?

그럼요, 가야지요.

수화기를 내려놓자 나도 다리에 힘이 쭉 빠졌다.

그리웠던 교회와 집으로 돌아와 안정을 되찾고 규칙적인 생활의 재미를 찾아가고 있을 때쯤이었다. 어머님의 전화를 받고 짐을 싸면서 계획대로 되는 게 별로 없었던 나의 지난 시간들을 생각했다. 2기 사역을 시작하면서 사명에 최선을 다하는 사모가 될 것과 심플한 주부생활, 그리고 알찬 홈스쿨링을 할 것을 굳게 다짐했다. 하지만 이 모든 것은 당분간 보류다. 계획이 무산될 때마다 여전히 당황스러웠지만 다년간의 경험으로 단련이 됐는지 갑작스러운 변화에 나는 꽤나 빠르게 적응하고 있었다. 하나님이 책임져주시는 시간이라고 생각하고 내 계획은 미련 없이 접는 것이다. 다만 안식년을 마치고 복귀한 지 한 달밖에 안 됐는데 다시 교회를 떠나야 하는 게 못내 아쉬웠다. 그동안 우리를 기다려준 성도들에게도 너무 미안했다.

추석에 아버님의 호전된 모습을 보고 불안했던 마음을 달래고 온 지 보름이 채 지나지 않았는데, 전혀 예상치 못한 국면에 접어든 것이다. 주일 일정을 다 마친 늦은 저녁, 시댁으로 내려가면서 남편도 나도 말이 없었다. 그간 아버님에게서 병세가 악화되는 어떤 징후도 보지 못했지만 암이라는 병이 원래 그렇게 제멋대로인 것을 잘 알고 있지 않았던가. 지금 어떤 일이 우리 앞에 와 있는 걸까?

아버님은 벌써 일어나 계셨고 세안을 마친 말끔한 모습으로 아이들의 인사를 받으셨다. 다같이 아침상을 받고 늘 하던 대로 아버님이 기도를 하셨다. 힘없는 몸에서 거칠게 쉰 목소리가 새어 나왔다. 기도를 마치고 수저를 들기 전에 아버님은 상에 둘러앉은 가족들을 보며 삼대가 함께 있으니 사람 사는 것 같다고 하셨다. 우리가 내려갈 때마다 가족들이 다 모인 것을 늘 기뻐하셨지만 사람 사는 것 같다고 표현하신 것은 처음이었다. 상을 물리고 함께 예배를 드렸다. 아버님이 찬송을 인도하고 말씀을 전하셨다.

이튿날에도 아침상에 모여 앉은 식구들을 둘러보시며 삼대가 함께 있으니 사람 사는 것 같다 하셨고 식사 후에 예배를 드렸다. 이번에는 아이들에게 부르고 싶은 찬송을 하나씩 고르라고 하셨다. 아버님과 함께 있다는 것은 예배가 계속된다는 것을 뜻했다. 하지만 이렇게 두 번으로 아버님과 함께한 가정예배는 끝이 났다. 함께 식사를 한 것도 그 이틀이 전부였다.

다시 첫 번째 화요일

남편은 집으로 돌아가고 나는 아이들에게 각자 할 일을 배분해주었다. 그리고 아버님 어머님 옆에 앉아 이런저런 이야기를 나누는데, 소파에 기대앉으신 아버님이 "아이고, 다리야" 하며 자세를 바꾸셨다. 처음 듣는 소리였다. "다리 주물러드릴까요?" 하니 "그래 줄 수 있겠나?" 하신다. 소파 아래 앉아 내 무릎 위에 아버님 다리를 올려놓고 손을 갖다 대니 아버님이 "아이구, 시원하다" 하며 어떻게 이렇게 잘 주무르냐고 하셨다.

그래서 옛날이야기를 해드렸다. 내가 어렸을 때 친할머니는 가끔씩 반듯이 누워서 자신의 배를 밟아달라고 하셨다. 그때마다 나는 질색을 하며 싫다고 거절하곤 했다. 내가 할머니 배 위에 올라서면 살이라고는 하나 없는 할머니의 갈비뼈가 부러지든가 아니면 창자가 터지든가 할 것 같아서였다. 그런데도 할머니는 너무 단호하셔서 나는 울며 겨자 먹기 식으로 말씀을 따를 수밖에 없었다. 할머니의 푹 꺼진 배 위에 올라서서는 몸무게가 많이 실리지 않게 조심하느라고 창틀을 꽉 잡고 애쓴 이야기를 해드리니 아버님 어머님은 어떻게 창틀을 잡을 생각을 했냐며 기특해하셨다. 하루 종일 가게에서 수제비를 팔고 들어오신 친정 엄마가 밤마다 팔다리가 쑤시다고 하셔서 거의 매일 안마를 해드렸다는 이야기도 두 분은 조용히 웃으며 들으셨다.

그리고 또 한 가지. 시집와서 시댁에서 같이 살 때, 오십견으로 고생하시는 어머님 어깨를 주물러드린 적이 있다. 어머님은 한결 낫다며 당장 아버님께 나를 칭찬하셨다. 그리고는 당신도 한 번 받아보라고 부추기셨다. 그래서 "어깨 주물러드릴까요, 아버님?" 하고 여쭈니 정색을 하시며 "나는 아직 누가 어깨 주물러줄 나이 아니다" 하셔서 무안했던 일도 있었다. 하지만 그 이야기는 꺼내지 않았다. 엊그제 있었던 일 같은데 세월은 참 빨리도 흘렀고, 강철 같았던 아버님은 한없이 약해져 내게 다리를 맡기고 계시니 서글프기 그지없었다.

괜한 걱정 시킨다고 동생들에게도 알리지 못하게 하셔서 그동안 아무 사정을 모르고 있었던 작은아버님과 고모님들께 더는 미룰 수 없어서 아버님 소식을 전했다. 동생분들은 소식을 듣자마자 다 함께 아버님이 계신 부산을 찾았다. 다들 오신다고 말씀을 드리니 아버님은 오히려 "갸들이 시간이 되나…" 하며 걱정하신다. 어떤 오빠고 어떤 형님인데, 열 일을 제쳐놓고 달려올 동생들인 걸 아시면서도 먹고사느라 바쁜 동생들을 걱정하고 계셨다. 아버님은 수요일 예배 후로 몸 상태가 급격히 나빠져 결국 누워서 동생들을 만나야 했다.

한눈에 형제인 걸 알아챌 만큼 서로 많이 닮은 사람들. 한 부모에게서 태어나 같이 웃고 같이 울었던 사람들. 이제는 나이 들어 주름살도 흰머리도 서로 사이좋게 나눠 가진 사람들. 동생들은 몰라보게 수척해진 아버님을 보고 다들 눈물부터 쏟았고, 그런 동생들을 보면서 아버님도 같이 우셨다.

아버님이 우시니 작은아버님, 고모님들은 더 슬프게 우셨다. 그들의 아픈 마음과 깊은 설움이 보고 있는 내게도 옮아왔다.

오로지 약을 먹기 위한 식사가 이어졌다. 하루 식사량은 겨우 죽 반 그릇을 세 번에 나눠서 드시는 것이 전부였다. 오늘 아침 아버님은 유난히 기운이 없어 보였다. 그래도 약을 먹어야 하기에 억지로 상 앞에 앉으셨다. 내가 옆에 앉아 안색을 살피는데, 이제는 숟가락을 드는 것조차 버거워 보일 정도였다. 아버님은 속에서 안 받는 걸 겨우 한 입 삼키시더니 갑자기 벌떡 일어나 쓰러질 듯 부딪힐 듯 휘청거리면서 화장실로 달려가셨다. 그리고 괴로운 소리와 함께 속에 있는 것을 다 토해냈다. 놀라서 따라갔지만 아버님은 화장실 문을 닫고 진정될 때까지 한참을 더 안에 있다가 나오셨다.

모두가 충격을 받은 아침이었다. 어머님도 나도 아이들도 눈앞에서 벌어진 이 엄청난 일에 대해 뭐라고 말을 이어야 할지 몰라 그저 멍하니 서 있었다. 화장실에서 나온 아버님은 이제 서 계실 힘도 없어 보였다. 어머님이 아버님을 부축해 눕혀드렸고 나는 뒷정리를 하러 화장실에 들어갔다. 아버님이 그 와중에 구토한 흔적을 조금 치우신 것 같은데 마음처럼 다 수습은 하지 못하셨고 얼마나 급박한 상태에서 일이 벌어졌는지 그 흔적만 고스란히 남아 있었다. 화장실을 치우고 아버님께 가보니 기운 없는 눈으로 깊은 생각에 빠져 누워 계셨다. 마치 다른 곳에 가 계신 것 같았다. 나는 처음이라 놀라기도 했고, 그렇게 아파서 누워 계신 걸 보니 갑자기 눈물이 터져 나오려 했다. 아버님께 무슨 이야기라도 해야 할 것 같았다. 못 본 척할 수가 없었다. 힘없이 늘어져 있는 아버님의 손을 잡아 내 얼굴에 대고 "아버님~" 하고 불렀다. 그러나 아버님은 손을 빼시더니 이내 고개를 돌리고 눈을 감아버리셨다. 내가 너무 빨리 왔나, 아니면 너무 가까이 왔나. 아니다. 아버님은 지금 그 누구와도 이야기하고 싶지 않으신 것이다. 아버님이 어떤 분인지 한 번 더 알게 된 순간이었다.

기운이 넘치는 아이들은 아침 일찍 일어나 소곤거리며 놀 거리, 먹을거리를 찾았다. 밤새 통증에 지친 아버님이 깜빡 잠드시는 시간에 아이들은 깨는 것이다. 조용히 말하고 조용히 걸어다니는 것에 이력이 난 아이들이었지만 아무리 소리를 낮춰도 소음은 발생하고 소란은 일어났다. 결국 아버님이 일어나 밖으로 나오신다.

아이들이 "할아버지, 안녕히 주무셨어요?" 하면 "오냐" 하고 답하셨지만, 내가 가서 "아버님, 안녕히 주무셨어요?" 하면 "그랬으면 얼마나 좋겠나" 하셨다. 그러면서 밤에 아무리 잠을 자려고 해도 통 잘 수가 없다고 하셨다. 그 말을 듣는 순간 나는 이게 어떤 종류의 불면인지 단박에 알아차렸다. 남편 덕분에 불면 전문가가 되지 않았던가. 통증 때문에 잠을 푹 주무시지 못하는 거라 생각했는데 그게 아니었다. 여쭤보니 아직 통증이 그 정도로 심한 건 아니었고 오히려 암이라는 병이 주는 극심한 스트레스로 인해 불면증이 온 것이었다. 이미 상당히 진행된 상태였다. 약을 처방받아 잠을 좀 잘 수 있도록 도움을 받으려 했지만 소용이 없었다. 조금도 효과가 없었다. 이 정도면 심각한 수준이었다. 암과 상관없이 불면증으로 고생하시는 모습을 보는 것도 정말 못할 짓이었다. 원래 단잠이란 게 건강한 사람에게 주어지는 것이긴 하지만, 모두가 잠든 밤에 혼자서 잠들지 못하고 밤을 지새운다는 건 암 환자는 물론이고 건강한 사람에게도 너무 괴로운 일일 것이다. 더구나 아버님은 굉장히 예민한 분이어서, 낮잠을 주무시다가도 작은 소리만 나면 눈을 번쩍 뜨셨다. 하지만 집에 아이들이 많다 보니 아무리 주의를 한다고 해도 무슨 소리든 나게 마련이었다. 암과의 전쟁 이전에 잠과의 전쟁이었다. 게다가 면역력이 많이 떨어진 상태여서 감염을 조심해야 했기에, 온갖 소음과 각종 세균을 코와 입과 손에 달고 다니는 손자 손녀들은 할아버지에게 접근 불가 대상이었다. 아이들과 함께 있는 것을 진심으로 기뻐하던 할아버지는 사흘 만에 또 다른 차원의 중환자가 되어버렸다. 일은 점점 예상치 못한 상황으로 흘러갔고, 나는 남편에게 전화를 했다. 아이들을 보내야겠다고.

매일 오후가 되면 내리교회 교인 몇 분이 병석에 누워 계신 아버님을 위해서 예배를 드리러 오셨다. 가장 반갑고 고마운 손님들, 아버님 목회의 열매들이었다.

먼저 찬양을 여러 곡 부르고 함께 사도신경을 외운 후에 누군가 대표로 기도하고 성경을 찾아서 읽고 다 함께 통성기도를 하는 순서로 예배는 진행되었다. 이분들은 목회자도 아니고 평신도 사역자로서 특별한 훈련을 받은 분들도 아니다. 아버님과 함께한 세월 동안 보고 배운 대로 예배를 인도하는 것이다. 전혀 불안해하지 않고 오히려 담담하고 진실하게 하나님 앞에 진심을 내어놓는 이들의 모습에 나는 깊은 감명을 받았다. 새 인생을 주신 예수님, 그분의 말씀대로 사는 것이 어떤 것인지 가르쳐주고 몸소 보여주었던 목사님의 병석에서 그들이 흐느끼며 간구하는 기도 소리는 그리스도 안에서 형제 자매가 되는 것이 피를 나눈 형제와 다를 바 없음을 보여주기에 충분했다. 이들이 함께 부르자고 택하는 곡은 그 옛날 교회에서 아버님과 함께 많이 불렀던 그 찬양이었다. 힘차게 부르는 그분들의 찬송 소리에 어머님도, 두 며느리도, 다섯 손자들도 모두 위로와 힘을 얻었고, 하루 종일 기력 없이 누워 계셨던 아버님도 이 시간마다 특별한 은혜를 받으셨다. 아버님은 찬양을 들으면 어떤 약을 먹는 것보다, 어떤 주사를 맞는 것보다 힘이 난다며 박수와 함께 큰 소리로 "아멘, 아멘"을 외치셨다. 성령의 위로가 매일 우리에게 부어지던 시간이었다.

주일이다. 어머님과 아이들은 모두 교회에 가고 아버님과 나만 집에 남았다. 아버님이 주일예배를 빠지고 집에 계신 건 처음 있는 일이다. 주일을 그냥 넘어갈 아버님이 아니시니 내가 어떻게든 둘만의 예배를 인도하게 생겼는데 부담이 이만저만 큰 게 아니었다. 어떻게 해야 할지 몰라 계속 왔다 갔다 하며 집안 정리만 하고 있는데, 아버님이 와서 찬송을 부르라고 하셨다. 뭘 골라야 할지 몰라서 이리저리 뒤적이니 몇 장을 부르라고 정해주셨다. 불렀다. 다시 다른 곡을 정해주셨다. 또 불렀다. 다른 곡을 또 정해주셨다. 또 불렀다. 대여섯 곡을 부르고 나니 이번에는 성경을 읽으라며 본문을 정해주셨다. 또박또박 읽었다. 읽다 보니 긴장이 사라지고 마음도 편안해졌다. 나는 나도 모르게 어느새 감정을 실어서 읽고 있었다.

다 읽고 나니 기도를 하라신다. 제일 떨리는 시간이다. "목소리도 의외고 사투리 섞인 말씨는 더 의외"라는 남편의 놀림에 익숙해져 말하기에 늘 자신이 없었고, 그러다 보니 항상 대표기도는 내게 엄청난 부담이었다. 대표기도를 하기 전에는 불안과 강박이 불러오는 흥분을 가라앉히는 시간이 필요했다. 해가 잘 드는 거실의 소파에 아버님은 누워 계시고 나는 그 아래 무릎을 꿇고 앉아서 두 눈을 감고 잠잠히 마음을 가라앉혔다. 이윽고 소리를 내어 기도를 드렸다. 내 진심과 간구를 하나님 아버지께 천천히 말씀드렸다. 그리 유창하지 못한 어눌한 기도에도 아버님은 "아멘"으로 함께 호흡해주셨고, 덕분에 나는 내 진심을 남김없이 다 끌어낼 수 있었다.

기도를 마치고 눈물과 땀을 닦고 잠깐 동안 멍하니 앉아 있었다. 아버님은 핸드폰을 꺼내 어딘가로 오래오래 문자를 보내셨다. 그리고 기독교 방송을 틀어보라고 하셔서, 우리는 함께 유명한 목사님들의 설교 네 편을 내리 들었다. 아버님은 소파에 누워서, 나는 그 아래 앉아서 네 분의 설교를 흥미진진하게 들었다. 그렇게 아버님과 나만의 주일이 지나갔다.

오후 늦게 식구들이 돌아오고, 내리교회 장로님도 오셨다. 오늘을 포함해 앞으로 3주 동안 진행될 중요한 일들을 의논하기 위해서였다. 아버님 목회의 또 하나의 열매인 장로님이다. 아버님과 장로님, 두 분만의 당회가 거실에서 열리는 것을 보고 나는 자리를 비켰다.

아버님의 여자 친구가 문병을 왔다. 어제 아버님이 보낸 문자 중에 하나가 이분에게 갔나 보다. 친구분은 어제 문자를 받고 너무 놀라고 마음이 아파서 남편과 함께 많이 울었다고 했다. 그리고는 밤새 한 잠도 못 자고 첫 비행기를 타고 왔다며 퉁퉁 부은 얼굴로 아버님을 보자마자 또 우셨다. 왜 이 지경이 될 때까지 아무 말도 하지 않았느냐고 원망하며 손수건으로 얼굴을 가리고 흐느끼는 모습을 보고 있자니, 이분들이 함께 지나왔을 많은 시간이 내 앞에서 한꺼번에 지나가는 것 같았다.

이분은 아버님이 대학생 때 입주 과외교사를 하던 집의 외동딸이다. 부잣집 외동딸이면 구김살 없이 밝았을 테고 명랑한 만큼 만만찮은 성격의 소유자가 아니었을까? 시골에서 올라온 소심하고 가난한 대학생과 거침없고 화려한 서울 여대생이 서로 어디가 그렇게 잘 통했는지, 둘의 관계는 그때부터 지금까지 변함없이 이어지고 있다. 각자 결혼하고 가정을 이루고 산 수십 년간 두 집안은 서로 왕래하며 각별한 관계를 유지해왔다. 두 집안 사이에 있었던 수많은 에피소드를 얼마나 많이 들었던가. 아버님은 이분을 여동생처럼 생각하시는 것 같았고 어머님도 자신을 형님이라고 부르는, 엽렵하고 싹

싹한 이 친구분을 참 좋아하셨다. 내가 시집와서 친척 외에 가장 가까운 사이로 소개받은 분도 이분이고, 우리 집안의 크고 작은 행사 때마다 빠지지 않고 찾아와서 축하해주신 분도 이 친구분이다. 그래서 나도 이분을 시고모나 시이모쯤으로 생각했다.

손수건에 얼굴을 묻고 울고 있는 친구분 앞에서 우리 모두는 숙연해져 상념에 빠지려던 찰나였다. 갑자기 이분이 눈물을 닦던 손수건으로 아버님 다리를 탁 때리면서 왜 이제까지 말하지 않았느냐고, 이게 뭐냐고 따지기 시작했다. 어머님이나 나는 쥐면 꺼질까, 놓으면 무너질까 마음대로 손도 못 대던 아버님이었는데 여자 친구는 달랐다. 우리는 아버님 안색을 살피고 기분을 맞추느라 늘 조심했지만 이분은 거침이 없었다. 하고 싶은 말을 다 했다. 아버님에 대한 원망은 곧장 하나님에 대한 원망으로 이어졌다.

"내가 저 위에 있는 저 양반 속을 도대체 알 수가 없어!"

손수건을 쥐고 있는 손은 어느새 천장을 넘어 하늘을 가리키고 있었다. 그리고는 교회에서 제일가는 말썽꾸러기들, 교회 안 나오는 게 다른 사람 도와주는 인간들은 어디 하나 아픈 데 없이 힘이 철철 넘친다고 불평하기 시작했다. 그자들이 교회 구석구석을 돌아다니며 설쳐대는 게 꼴 보기 싫어 죽겠는데, 천사같이 착한 사람들, 교회의 귀한 일꾼들, 오래오래 살았으면 좋겠는 사람들은 왜 이렇게 다들 아프고 빨리 죽느냐는 것이었다. 좋은 사람들이 자꾸 떠나간다고 사는 게 정말 재미없다며 서러워하셨다. 하나님을 '저 위에 있는 저 양반'이라고 거침없이 표현하는 모습이, 느끼는 대로 솔직하게 다 말해버리는 모습이, 그리고 진심으로 남을 위해 울어주는 모습이 참 좋아 보였다. 그 모습이 나는 참 귀여워 보였다. 나도 언젠가 이분처럼 이런 서러움에 눈물짓는 날이 오겠지? 사랑하는 사람들, 평생을 함께해온 친구들이 하나둘 떠나가는 것을 지켜보는 일은 얼마나 슬플까? 얼마나 허전하고 외로울까?

비록 기가 막힌 상황이었지만 오랜만에 만난 두 친구는 오래오래 마주보며 회포를 풀었다. 그간 나누지 못한 자식들 이야기가 오갔고, 늘 그랬듯이 밝고 명랑한 이분의 에너지를 따라 두 분의 대화에는 웃음꽃이 활짝 피었다. 앞으로 매일 시간을 정해놓고 간절히 중보 기도하겠으니 힘을 내고 의지를 가지라고 환자를 위로하는 것도 잊지 않았다. 어머님께는 아무것도 하지 말고 오직 환자만 생각하라고 신신당부를 했다. 누구에게도 알리지 말라고 하셨을 때에는 병이 나을 거라고 확신했기 때문이었을 것이다. 이제 아버님이 자신의 병을 직접 누군가에게 알린다는 건 그 확신을 버렸다는 뜻일까? 그 확신을 버리기까지 아버님 안에 있었을 무수한 고독이 보였다. 그렇게 결정을 내리고 소식을 전하기 시작한 마음은 어땠을까?
내내 착잡한 얼굴로 앉아 계셨지만, 한달음에 달려와 실컷 울어주
고 간 친구 덕분에 아버님이 큰 위로를 받은 건 분명했다.

아버님 병세가 예상 외로 악화되자 더 늦기 전에 병원을 옮겨봐야 하는 것 아니냐는 소리가 들려왔다. 처음부터 서울의 큰 병원으로 갔어야 한다는 소리도 들렸다. 과연 그럴까? 우리에게 일어나는 모든 일이 전지전능한 하나님의 섭리임을 믿는다면 우리 선택의 결과도, 그 선택의 결과를 뛰어넘을 수 있는 그분의 능력도 믿음으로 받아들여야 하지 않나 하는 생각이 들었다.

하지만 우리는 지켜보는 사람도 많고 돌아보아야 할 사람도 많은 목회자 가정이었기에 다른 병원을 찾아보기로 했다. 아버님도 그렇게 하자고 하셨다. 그동안 치료를 담당했던 병원에서 검사와 수술 기록을 찾아 암 전문병원의 한 전문의를 특별히 소개받아서 갔다. 진료는 간단했다. 기록을 살펴보고 환자를 문진하는 것이 전부였다. 따로 특별한 검사는 하지 않았으나 소견은 엄청났다. 아무 것도 조치할 게 없고 감염을 특별히 조심하라는 것이다. 이 상태에서 감염되면 며칠 안으로 돌아가실 수도 있다고 했다. 그리고 환자를 병원의 호스피스 병동에서 돌보는 것이 환자에게 더 좋을 것이라는 말과 함께 조심스럽게 남은 시간을 언급했다.

우리 모두는 또 한 번 충격에 빠졌다. 시간에 관해서 듣기는 처음이었던 것이다. 3, 4일에 한 번씩 상태가 툭툭 떨어지는 것이 눈에 보였지만, 아버님 병이 얼마나 무섭고 심각한 병인지 시한부 선고를 받고 나서야 비로소 실감이 났다. 이대로 계속 나빠지기만 할 것이라고는 생각지 않았다. 조금씩이나마 차차 괜찮아지실 거라고 우리 모두 막연하게 믿고 있었던 것이다. 그 실낱같은 희망은 여전히 꺼지지 않았다. 우리 아버님이라면 꼭 그러실 것만 같았다.

오후가 되서야 아이들은 아빠와 함께 집으로 갔다. 모든 상황을 몇 번이고 자세히 설명해주었지만 어린 딸들은 결국 울음을 터뜨리고 말았다. 저 좋은 아빠와 그 좋은 집으로 가는데도 딸들은 나를 꼭 끌어안고 서럽게 울었다. 눈물을 계속 닦아주고 끝까지 달래주었다. 길든 짧든 이별은 슬픈 것 아닌가.

이날 오후 늦게 지리산 자락에 있는 교회를 섬기는 사모님 한 분이 병문안을 왔다. 한일여고 제자인 이분은 지금까지 한결같은 마음으로 아버님과 어머님을 대해왔다. 마치 친자식인 양 두 분을 깊이 사랑하고 섬겨오던 분이다. 아버님 소식을 꼭 알려야 할 두 번째이자 마지막 외간 여인이기도 하다. 나는 이분 이야기를 시집와서부터 계속 말로만 듣고 때마다 챙겨 보내는 선물들을 보기만 했지 실제로 뵌 적은 한 번도 없다. 이날도 좀처럼 외출을 하지 않던 내가 밖에 잠깐 나갔을 때 병원에 오셨다고 했다. 아버님 장례 때도 이분이 마지막 날까지 나타나지 않는 게 아무래도 이상해서 어머님께 여쭈니 "어머, 어떡하나…, 큰일이다…. 내가 경황이 없어서…, 선영이한테는 꼭 알렸어야 했는데…" 하시며 그 자리에서 전화를 하셨지만 이미 늦은 저녁이었다. 다음날이 바로 발인이었다. 늦은 밤 더는 문상객이 없어 짐을 모두 정리하고 몇 시간 뒤에 있을 출상 준비까지 다 마친 상태였다. 남편만 남겨두고 나머지 가족들은 모두 집으로 왔는데 이분이 그 야심한 시각에 영정 사진도 없는 장례식장에 혼자 와서 한참을 울고 가셨다고 한다. 나중에 아버님을, 그리고 이분을 무슨 낯으로 뵐꼬.

두 번째 수요일

교수님 세 분이 문병을 왔다. 부산대학교 영문과 강단에서 아버님과 함께 학생들을 가르치다 몇 년 사이로 차례차례 은퇴를 한 노교수님들이었다. 그분들 가운데는 내가 법대 1학년 때 영어강독 시간을 맡아서 강의해주시던 교수님도 계셨다. 그리 오래전이 아닌 것 같은데 꼽아보니 20년도 더 지난 일이다. 내가 결혼을 하고 아이를 낳아 기르는 동안 교수님들도 그만큼의 시간을 보냈나 보다. 그분들의 얼굴에서 세월의 흐름을 역력히 느낄 수 있었다. 대신 검소한 옷차림과 따뜻한 인사말은 고상하고 품위가 넘쳤다. 아버님은 이번에도 일어나 앉지 못하고 소파에 누워서 손님들을 맞이해야 했다. 다과상을 차리는데 아버님이 나를 부르셨다. 어서 와서 교수님들께 정식으로 인사를 하라는 것이었다. 며느리가 혼자 내려와 있을 거라고는 생각지 못하고 딸이 없는 집에 웬 젊은 처자인가 궁금하셨는가 보다. 운동복 차림이라 조금 민망했지만 갈아입을 새가 없어 그냥 그대로 인사를 드렸다. 큰며느리가 내려와서 간병을 도와주고 있다는 설명에 과분한 칭찬이 일시에 쏟아졌다. 면전에서 칭찬을 듣고 있자니 참 민망하고 곤혹스러웠다. 그러나 아버님이 흐뭇해하시는 것 같아 그냥 잠자코 앉아 있었다.

이날 오후 아버님은 교수님들이 전하는 이런저런 바깥소식을 듣고 하고 싶었던 이야기도 하며 한참 동안 담소를 나누셨다. 그 모습이 참 편안하고 기분 좋아 보였다. 교수님들도 생각했던 것보다 얼굴이 좋아 보인다며 어서 일어나서 같이 등산도 하고 여행도 다니자고 격려했다. 아버님도 웃는 얼굴로 그러자고 하셨다.

어서 쾌차하라는 인사를 남기고 손님들이 떠나자 아버님은 어떤 마음에서였는지 내게 이런저런 지난 일을 이야기해주셨다. 방금 있었던 분들에 대한 고마움과 대학에 있을 당시의 동료 교수들에 대해서도 말씀하셨다. 같은 대학 교수라도 더없이 점잖은 양반이 있는가 하면, 야비한 속물도 있고, 의리 있는 사나이도 있고, 간사한 아첨꾼도 있는 모양이다.

이 이야기들 끝에 가슴 아픈 이야기도 하나 있었다. "평생 내 주위에는 나를 이용하려는 사람들이 많았다. 내가 어수룩하고 미련해서 당하기만 했지." 이게 무슨 말씀이시지? 아버님이 어디가 어수룩하고 미련하단 말인가! 그리고 두 명의 친구 이야기를 해주셨다. 대학동창인데 아버님께 친구는 이 두 사람밖에 없었던 것 같다. 가끔 학회 때문에 서울에 가셨다가 시간을 내서 만나던 분들이었다. 자그만치 50년 지기인 셈이다. 그런데 지난 주일, 이들에게도 문자를 보냈는데 아무 연락이 없는 것을 보고 더는 내려갈 데가 없는 관계라고 생각하신 모양이다. 그러면서 그동안 있었던 이 친구들과의 일들을 다 이야기해주셨다. 졸업논문을 대신 써달라고 해서 며칠 동안 밤을 새가며 열심히 써줬더니 밥 한 끼 사주고 때우더라는 이야기. 친구 집에 가면 친구 어머니에게 잡혀서 하루종일 화투 놀이 상대가 되어야 했던 이야기.

"뭐하러 그렇게 하셨어요, 아버님?"

"배고파서 그랬지. 밥 한 끼 얻어먹으려고 그랬다."

주머니가 두둑했던 친구들에게 기대야 할 만큼 배고팠던 날들의 서러움과 지금까지도 무성의한 그들의 태도가 얼마나 섭섭했는지 아버님은 마치 어제 일처럼 그 상처에 쓰라려 했다. 아버님은 목회를 하면서도 도움을 요청하는 교인들을 외면하지 않고 많이 도와주셨다. 저렇게까지 할 필요가 있을까 싶은 생각이 든 적도 많았다. 언제나 자신의 체면보다 교인들의 문제해결이 먼저였고, 주선을 하고 방법을 찾고 길이 없을까 백방으로 노력했지만 이용만 당하는 것처럼 보일 때도 있었다.

내 마음 같지 않은 사람들에게 몇 번 당하고 나면 소극적이고 냉소적으로 변할 만도 한데 아버님은 누군가를 돕는 일을 멈추지 않으셨다. 그러나 지금 약해진 육신에 저절로 약해진 마음이 상처 받았던 이들에 대한 쓰디쓴 기억으로 흔들리고 있다.

컨디션이 좋았던 어제와는 달리 밤이 되자 아버님은 열이 오르기 시작했고 아침이 되니 고열이 이어졌다. 패혈증이 될 수 있으니 즉시 병원으로 옮겨야 한다고 해서 급하게 구급차를 불렀다. 양쪽에서 일으켜 세우지 않으면 혼자 일어나지도 못할 만큼 아버님은 체력이 완전히 바닥난 상태였다. 옷을 갈아입혀 드리는데 제대로 서 있지도 못하셨다. 이윽고 구급대원들이 도착해 아버님의 상태를 확인했다. 아버님은 그런 상황에서도 낯선 이들에 대한 상냥함을 잃지 않았다. 어머님이 아버님을 따라 나가시고, 나는 병원에서 소식이 오는 대로 준비를 해서 가기로 했다. 베란다로 가서 아래를 내려다보니 아버님이 이동침대에 중환자처럼 반듯하게 누워 구급차 안으로 실려 들어가고 있었다. 기분이 이상했다. 저렇게 가면 다시 이 집으로 돌아오실 수 있을까 하는 방정맞은 생각이 들어 얼른 고개를 내저었다. 하늘은 맑고 햇살은 따뜻하고 아직 단풍이 부산까지는 내려오지 않은 청명한 가을이다.

병원에 입원하여 전문적인 간호를 받으니 아버님은 심정적으로 안정을 찾으시는 것 같았다. 1일 3교대로 일하는 간호사들은 하나같이 상냥하고 친절했고, 부지런히 오가며 환자의 상태를 면밀히 체크했다. 어머님과 내가 그동안 전적으로 매달려 간병을 한다고는 했지만 병원에 와서 보니 우리는 정말 부실한 간병인이었음이 드러났다. 그저 아버님이 손짓하면 달려가는 식의 소극적인 돌봄이 아닌, 전문적이고 집중적이며 적극적인 24시간 돌봄은 환자의 마음을 편안하게 해주었다. 환자에게는 가족의 따뜻한 사랑도 필요하지만, 자신의 몸 상태를 집중하여 지켜보는 전문적인 손길도 절실하다. 아버님은 특히 후자에 더 의지하는 이성적인 분이었다. 원래부터 철저히 매뉴얼대로 움직이는 것으로 유명한 분을 나처럼 매뉴얼 까먹는 것으로 유명한 사람이 간호를 한다고 했으니 그동안 얼마나 불안하셨을까. 병상에 앉아서 일기를 쓰고 계신 아버님을 보니 이제야 환자 대접을 제대로 받으시는 것 같아 죄송하기 그지없었다.

1인실이 비좁기는 했지만 외부 소음을 차단할 수 있어 조용한 걸 좋아하시는 아버님께는 최적의 환경이었다. 3차원 세계에서 벽 뒤로만 돌아가도 보이지 않아 힘들게 나를 부르느라 애쓸 필요도 없었다. 아버님은 손짓으로 의사 표시를 거의 다 하셨고 우리는 바로 옆에 앉아서 최선을 다해 수발을 들었다. 병실 안에는 따뜻한 볕과 시원한 바람이 잘 들어왔다. 나는 아버님께 찬양을 불러드리기도 하고 말씀을 읽어드리기도 했다. 그러다 아버님이 잠드시면 보호자용 소파에서 다리를 쭉 뻗고 같이 낮잠을 잤다.

병원의 철저한 관리 덕분에 아버님은 열도 내렸고 안정도 되찾았지만 며칠이 지나자 조금씩 답답해하셨다. 집에서는 소파도 적당히 폭신해서 누워 있으면 편안했고 거실이 넓게 트여 있어서 답답하지 않았는데, 다섯 평쯤 되는 병실에서 며칠을 딱딱한 침대에 누워 있으려니 불편하고 답답하셨던 것이다. 답답함. 이것 역시 내 전공이다. 남편이 답답함을 호소하는 병에 걸렸지 않았나. 답답하다시는 아버님의 목소리를 들으니 갑자기 나도 병실이 너무 답답해졌다. 그래서 "아버님, 열이 나서 병원에 왔으니까 열이 잡히고 괜찮아지면 그때 우리 퇴원해서 집에 가요" 했다. 그랬더니 아버님은 마치 말 잘 듣는 어린아이처럼 "그래" 하며 조용히 고개를 끄덕이셨다. 우리는 집으로 돌아가고 싶었다.

아버님과 단둘이 보내는 두 번째 주일이다. 병실이 답답해진 아버님은 하루에도 서너 번씩 휠체어를 타고 병원 복도에라도 나가서 바깥바람을 쐬고 싶어 하셨다. 몸이 많이 무거워져서 침대에서 내려와 휠체어에 앉는 것도 힘들었지만 복도에 나 있는 큰 창문을 통해 하늘도 보고 산도 보고 나무도 보고 시원스럽게 달리는 차들을 보면 아버님도 나도 기분이 한결 나아졌다. 감기에 들까 봐 온몸을 담요로 감싼 채 바람이 들어오는 창문 가까이로는 가지도 못하고 멀찌감치 서서 풍경을 바라볼 뿐이었지만 그마저도 좋았다. 오늘도 어머님이 교회에 가신 후 우리는 바로 복도로 나와 아주 천천히 실내를 산책했다. 산책을 끝내고 병실로 와서 찬송을 불러드리려는데 아버님이 물으셨다.

"'보리밭' 노래 좋아하나?"

휠체어를 밀어드리면서 내가 계속 흥얼거린 소리를 듣고 물으시는 모양이다.

"네, 아버님도 좋아하세요?"

"젊었을 때 많이 불렀지."

"그 노래, 참 좋죠?"

눈을 감고 살짝 웃으시며 고개를 끄덕끄덕하신다.

"지금 불러줄 수 있겠나?"

"지금요? 어…, 아버님…, 눈물 없이 그 노래를 어떻게 부르겠어요. 잠깐만요. 마음 좀 가다듬고요."

이렇게 말씀드리고 얼른 화장실로 가서 손을 씻으며 시간을 좀 끌었다. 그동안 아버님 앞에서 찬송가는 수십 번 넘게 불렀지만 갑자기 가곡을 부르려니 나도 모르게 긴장이 되었다. '이렇게 소심해서야. 노래 안 하길 잘했지' 생각하며 혹시라도 중간에 가사를 잊어버릴까 봐 스마트폰으로 가사를 검색해서 아버님 앞에 가 앉았다.

보리밭 사잇길로 걸어가면

뉘 부르는 소리 있어 나를 멈춘다

옛 생각이 외로워 휘파람 불면

고운 노래 귓가에 들려온다

돌아보면 아무도 보이지 않고

저녁놀 빈 하늘만 눈에 차누나

"아, 좋다!" 하신다. "이 노래, 참 슬퍼요" 하니, "시라서 그렇지, 사람들은 시가 밝기만 하면 안 좋아해" 하신다. 그러시더니 이번에는 "산 너머 남촌에는"을 불러달라고 하셨다.

　학창 시절 세광출판사에서 나온 『한국가곡집』 상하권을 독파하며 웬만한 가곡은 다 통달했다고 자부하고 있었는데, 이 시에 붙여진 유명한 가곡이 있는 줄은 왜 몰랐을까? 간드러지는 콧소리로 "산~너~머 남촌에는 누가 살길래~" 하는 여자 가수의 목소리가 귀에 쟁쟁한 가요로만 알았다. "아버님, 그거 가요 아니에요?" 하면서 유튜브를 찾아서 틀어드렸다. 이 노래가 내 핸드폰에서 흘러나오자 아버님은 눈을 동그랗게 뜨고 그 노래가 거기 다 저장되어 있느냐며 놀라워하셨다. 아버님이 깜짝 놀라시는 모습에 헛웃음이 나왔지만 그동안 이 물건에 대해 제대로 가르쳐드리지 않은 게 죄송해서 잘 설명드렸다. "요 전화기 안에 인터넷이 연결되어 있어서 컴퓨터처럼 사용하는 거예요." 그리고는 그 노래를 연거푸 들려드렸다.

　산너머 남촌에는 누가 살길래

　해마다 봄바람이 남으로 오네

　꽃 피는 사월이면 진달래 향기

　밀 익는 오월이면 보리 내음새

　어느 것 한 가진들 실어 안 오리

　남촌서 남풍 불제 나는 좋대나

아버님은 "하이고~ 박재란이네~ 옛날 목소리 그대로네~"하며
즐거워하셨다. 내친 김에 아버님께 또 듣고 싶으신 노래 없느냐고
여쭈니 "꽃 중의 꽃, 무궁화꽃"을 듣고 싶다고 하셨다. 하, 그 건전가
요! 찾아서 들려드렸다. 여전히 신기해하며 함박웃음을 지으신다.

꽃 중의 꽃 무궁화 꽃 삼천만의 가슴에

피었네 피었네 영원히 피었네

백두산 상상봉에 한라산 언덕 위에

민족의 얼이 되어 아름답게 피었네

노래를 한 번 들으시더니 아버님은 "야, 홍이 난다, 춤이 절로 나
온다" 하신다.

"어, 정말요? 추세요, 아버님" 하고 한 번 더 들려드렸다. 아버님
은 너무나 소극적이게도 겨드랑이 춤을 추었다. 우리는 너무 재미
있어 한참을 웃었다. 아버님은 특유의 소리 없는 큰 웃음으로, 나는
특유의 깔깔대는 큰 소리로 웃어젖혔다. 이런 노래에 그런 홍이 나
다니, 도무지 이해가 불가능한 세대차이다. "아버님, 또 다른 노래
뭐 듣고 싶으세요?" 여쭈니 이번에는 동요인 "무궁화"를 불러달라
고 하셨다.

무궁화 무궁화 우리나라꽃

삼천리 강산에 우리나라꽃

피었네 피었네 우리나라꽃

삼천리 강산에 우리나라꽃

이 짧은 동요를 여러 번 불러드렸다. 그러자 갓 시집와서 아버님을 따라 신랑과 뒷동산으로 산책 나갔던 기억이 났다. 그 추억은 이렇게 선명한데 이제는 병상에 계신 아버님께 무궁화 노래를 불러드리고 있다니. 생각지도 못한 가곡에 가요에 동요에 춤까지, 그 가을 날 아침 아버님과 함께했던 둘만의 작은 콘서트였다. 우리 가족은 주일을 거룩하게 지키기 위해 주일날은 TV도 보지 않고 돈도 일절 쓰지 않았다. 외식을 안 하는 것은 물론이고 교회 가는 길에 자동차에 기름이 없어서 주유소에라도 들를라치면 아버님은 미리미리 준비해놓지 않았다고 호통을 치곤 하셨다. 오늘 주일 아침, 아버님과 나의 일탈을 하나님께서는 귀엽게 봐주시겠지?

이날을 기준으로 아버님의 신청곡은 창조주 하나님을 찬양하는 곡으로 옮겨갔다. 자연의 경이로움 앞에서 하나님을 높이는 곡을 많이 불러드렸다. 처음에는 능력의 하나님과 치유하시는 하나님을 찬양했고, 그 다음에는 회개하는 찬양을, 그 다음에는 천국을 소망하는 찬양, 그 다음에는 창조주 하나님을 찬양, 그리고 그 다음에는 예수 그리스도의 십자가와 그 사랑을 찬양했다. 아버님 안에 얼마나 많은 찬양이 담겨 있는지 하나하나 꺼내어 불러달라고 하실 때마다 그 선곡이 그대로 내게 은혜가 되었다. 아버님의 내면에 어떤 일들이 일어나고 있는지 선곡한 찬양으로 충분히 짐작할 수 있었다. 요청하신 찬양을 부를 때마다 나는 그 내면을 마주하고, 그 내면과 하나가 되었다. 지친 인생의 작은 신음과 떨림까지 내 안으로 다 옮아오면 이것이 누구를 위한 찬양인지 분간하지 못한 채 찬양에 깊이 빠져들곤 했다.

아버님은 밤에 잠을 이루지 못할까 봐 낮에는 절대 주무시려 하지 않았는데, 찬양만 하면 순식간에 잠에 들곤 했다. 잠든 아버님의 얼굴은 무슨 꿈을 꾸는지 너무나 슬퍼 보였다. 길을 잃어버렸는지, 누군가를 찾는지, 울 듯 말 듯한 표정 위로 내가 모를 이야기가 가득 펼쳐졌다. 황망하고도 슬픈 얼굴을 보면 마음이 아파 잠깐 찬양을 멈추면 어느새 깨어나셔서 "너, 밥 먹어야지. 배고프겠다, 집에 갈 준비해야지" 하며 내 걱정을 하셨다. 그러다 "아니에요, 말씀 읽어드릴까요?" 하면 곧 고개를 끄덕이셨다. 그러나 몇 절 못 듣고 또 잠이 드셨고, 잠이 들면 또 그렇게 슬픈 표정을 짓게 하는 꿈을 꾸셨다. 그렇게라도 주무셔야 할 것 같아 나는 더 길게 찬양을 하고 더 오래 말씀을 읽었다. 그러다 보면 또 별안간 잠에서 깨어나 이렇게 자면 밤에 잠을 못 잔다며 주무시지 않으려고 했다. 그렇지만 그 의지도 쇠약해진 육신 앞에서는 맥없이 무너졌고 찬양과 말씀에 취해서 스르르 잠드는 일이 반복되었다.

한번은 문병하러 온 교인들에게 이런저런 얘기 끝에 "우리 며느리, 야가 부모를 잘못 만났는기라, 부모를 잘못 만났어. 노래를 부르면 꾀꼬리라. 천사 노래 소리라. 찬양을 하면…" 그러고는 손을 가슴으로 가져가려다 어째서인지 말을 잇지 못하셨다. '공명이 잘 되는 좁은 병실에서 불렀으니 거칠고 모난 소리는 다 깎이고 고운 소리만 남았을 것이고, 꿈결에서 듣는 자장가였으니 좋으셨겠지요' 생각하며 억지로 그 칭찬을 외면했지만 노래에 관한 내 열등감과 패배감은 이날 아버님 칭찬으로 다 치유되었다.

안양에서 손님들이 왔다. 우리 교회 목회자들과 장로님 몇 분이 문병을 하러 먼 길을 찾아온 것이다. 시간에 맞춰 아버님을 휠체어에 앉혀드리고 무릎에 담요를 덮어드렸다. 아버님이 악수를 하며 인사하고 싶어 하셔서 모두 기꺼이 병실 앞에서 소독약으로 손을 닦았다. 아버님은 미소 띤 얼굴로 한 사람 한 사람과 일일이 악수하며 인사를 나누었다. 비록 중병에 걸려 불편한 몸이었지만, 손님들과 눈을 맞추며 반갑게 인사하시는 모습에서 아버님의 따뜻한 성품이 진하게 느껴져 나는 괜히 혼자 속으로 뿌듯해 했다. 병실을 꽉 채운 손님들은 아버님을 위해 찬양을 불러주었다. 그 시간 눈을 감고 찬양을 들으시던 아버님도 나도 우리만의 찬양에서 벗어나 우리를 위한 찬양으로 큰 위로를 받았다.

기도를 하고 다시 먼 길을 가시는 분들을 배웅하고 와서 아버님을 뵈니 편안해 보였다. "아버님, 찬양 좋으셨지요?" 하니 고개를 끄덕이신다. "한 곡 더 불러달라고 할 걸 그랬어요" 하니 "아니, 옆방에 시끄러워서 안 되지" 하신다. 나 같으면 그렇게 멋진 목소리와 하모니로 나를 위해 노래를 불러주면 좋아하는 찬양을 여러 곡 청할 것 같은데, 아버님은 그보다 옆방 생각을 하신다. 다른 사람을 배려하

는 것이 몸에 밴 남편이 아버님을 닮았구나. 알고는 있었지만 새삼

새로웠다.

평소와 다를 것 없이 간호사들은 체온과 혈압을 재고, 아버님은 계속해서 링거를 맞고 산소 호흡기를 코에 걸고 있어야 했다. 물과 두유 외에는 어떤 것도 먹지 못했다. 입이 자꾸 말라서 물을 아주 조금씩 자주 마시고 두유도 아주 소량만 드시니 상체는 마르고 하체는 혈액순환이 되지 않아 계속 붓고 있었다. 다리를 주물러드리고 허리와 등을 두드려드리고 이래도 저래도 불편하니 자세를 계속 바꾸어드리는 수밖에 없었다. 약 10도 정도만 몸을 일으킬 때에도 아버님은 이를 악물고 두 손으로 침대 손잡이를 꽉 잡고 힘을 줘야 했다. 상태는 눈에 띄게 나빠지고 있었다. 게다가 구토가 잦아지면서 기력도 나날이 더 쇠약해져 갔다. 이제 혼자서는 몸을 조금도 일으키지 못하는 지경까지 이르렀다. 제자들, 교인들, 옛 지인들의 문병이 이어졌지만 컨디션이 뚝 떨어지는 날에는 문병 오신 분들을 그냥 돌려보낼 수밖에 없었다.

그런데 오늘은 아버님이 샤워를 좀 하자고 하시며 몸을 일으켜 달라고 하셨다. 어머님이 안 계시니 내가 씻겨드려야 한다. 화장실로 모시고 가면서 나는 속으로 이 일을 어떻게 하나, 몹시 당황스러웠다. 간이 샤워실이 있는 화장실에 겨우 아버님을 세우고 차마 앞에서는 못하고 뒤로 가서 환자복을 벗겨드리니, 지독한 병마에게 고통당하고 있는 환자의 뒷모습이 적나라하게 드러났다. 사람의 몸이 이렇게까지 망가질 수 있구나. 그 흉한 모습을 보고 나니 민망함도 당황스러움도 문제가 되지 않았다. 마음이 너무 아팠다. 아버님이 계시던 병원은 건물을 지을 때 땅을 파면서 온천수가 터진 곳이었다. 환자와 보호자들은 양질의 온천수로 목욕을 하고 병원은 그 물을 치료에 사용했다. 온천수를 틀어 온도를 맞추고 아버님 발에 샤워기를 갖다 대니 "아, 시원하다" 하셨다. 물로 충분히 적셔 머리도 감겨드리고 세수도 시켜드리고 거품을 내어 마사지하듯 온몸을 골고루 닦아드렸다. 왜 진작 이 생각을 하지 못했을까? 아버님은 무척이나 깔끔한 분이었다. 그런 분이 이렇게 오랫동안 누워 있었으니 얼마나 답답하셨을까? 아무리 편찮다지만 얼마나 씻고 싶으셨을까? 이런 미련한 며느리가 다 있나, 계속 자책하며 환자복을 새것으로 갈아입혀드리고 침대에 다시 눕혀드렸다. 나중에서야 아버님은 하루에도 몇 번씩 열이 확 치솟는 갱년기 장애로 고생하고 있는 아내는 그 좁은 화장실에서 뜨거운 물로 자신을 목욕시키지 못할 거라 생각했다고 하셨다. 해달라면 왜 안 하셨을까만은 아버님의 생각은 그랬다. 그래서 "예, 아버님, 제가 계속 목욕시켜드릴게요" 했다. 아버님은 오랜만의 목욕 뒤에 단잠을 주무시고 나서 오후

에는 병문안 온 손님들을 맞이하셨다. 그분들께 나를 가리키며 "야
는 우리 집 큰딸"이라고 하셨다.

아버님이 옛날이야기를 해주셨다.

> 내가 어렸을 때 이 다음에 커서 결혼을 하면,
>
> 내가 가정을 이루면 이렇게 살지 말아야지 하고
>
> 다짐을 했지, 다짐을.
>
> 밥 먹을 때 말 한 마디 못하고,
>
> 감정을 마음대로 다 표현하지도 못했어.
>
> 닷새마다 장날인데 그날만 되면 아버지가 술을 마시니
>
> 장날 오후만 되면 집안이 비상에 걸리는 기라.
>
> 그런데 그렇게 억눌린 감정이 쌓이고 쌓여서
>
> 나중에는 내 감정을 내가 컨트롤을 못하는 기라.
>
> 이러지 말아야지 하는데도 잘 안 돼.

아버님의 가족 이야기였다. 평소 호인이라 불릴 정도로 성격 좋은 할아버지도 술만 드시면 다른 사람이 돼버리셨나 보다. 이 술이라는 것 때문에 얼마나 많은 가정이 고통을 받고 있는지 모르겠다. 할아버지도 장날이면 장에 가서서 친구분들과 술잔을 기울였는데

거나하게 취해서 집에 오시면 그 고약한 주사가 죄다 식구들에게로 향했다. 아버님은 닷새마다 한 번씩 그 긴장과 공포를 견뎌야 했다. 엄격한 유교 집안이었던 탓에 밥상 앞에서는 절대 말을 해서도, 음식 씹는 소리를 내서도 안 되었다. 기분이 좋아도 나빠도, 즐거워도 슬퍼도, 흥분을 해도 낙심을 해도 부모 앞에 드러낼 수 없었다. 그저 감추고 꾹꾹 누르면서 인내해야 했다. 그런 어린 시절이 너무 힘들게만 기억돼, 장차 자신이 가정을 이루면 다정하고 친절한 아빠가 되어야겠다고 다짐한 것이다. 상냥하고 따뜻한 엄마가 아이들의 말에 귀를 기울이고 그들의 마음을 잘 헤아리는 가정, 마음껏 사랑을 표현하고, 함께 웃고 우는 가정을 꿈꾸셨던 것 같다. 그러나 안타깝게도 아버님은 자신도 모르는 사이에 아버지를 닮아가고 있었다. 막상 가정을 이루고 아버지가 되어보니 모든 게 꿈꾸었던 것처럼 되지는 않았다. 마음과 다른 말이 나오고 아이들을 이해하기보다는 지적하기에 급급했다. 아내에게도 살갑게 대하지 못했다. 아버님은 마음 깊이 후회하셨다. 그리고 진심으로 미안해하셨다. 옆에 앉아 계신 어머님께 이런 말씀도 하셨다.

"당신은 아이들더러 자꾸 아빠한테 매달리지 마라, 엄마 무릎에 앉지 마라 하는데 그렇게 하면 안 돼. 스킨십, 스킨십이 중요한 거야! 그게 사랑이라고!"

여기까지 말씀하시고 아버님은 목이 메어 눈물을 글썽이신다.

동물도 지 새끼가 예뻐서 그 냄새 나는 걸 핥아주는 거라고 하셨다. 우리 딸들 이야기다. 우리 부부가 우리 딸들에게 보내는 사랑이 본능에서 나오는 것임을 알아본 것이다. 눈물이 쏟아지려는 걸 겨우 참았다.

어머님은 맏손자도 제 아빠에게 매달리지 못하게 하셨다. 그러나 아버님은 자식들에게 마음껏 사랑을 표현하지 못한 게 후회되고 자상한 아버지가 되지 못한 게 마음에 걸려 아이들을 더 많이 안아주라고 하셨다.

이분이 우리 딸들의 참 할아버지시다.

아버님은 아침에 연거푸 두 번을 토하고 나서 완전히 기진맥진한 상태다. 눈을 깜박이는 것조차 힘겨워 보인다. 다리를 주무르거나 쓰다듬는 것도 못하게 하신다. 성가신가 보다. 기운이 없어 고개를 아예 옆으로 떨어뜨리고 주무신다. 그러다 얼마 못 가 등허리의 통증 때문에 깨어나 두드려달라고 하신다. 말도 못하고 손짓으로 하는 것이다. 옆으로 돌아 누우시게 하고 아주 세게 등과 허리를 두드렸다. 그러느라 아버님 가까이에 가면 말기 암 환자 같지 않게 아기 냄새가 솔솔 풍겼다. 제대로 잘 씻지도 못하고 잦은 구토에, 속에서는 뭔가가 썩고 있다는데 아버님한테서는 되려 향기가 났다. 그 향기가 너무 좋아서 등과 허리를 두드려드릴 때마다 나는 일부러 더 가까이 가서 냄새를 맡기도 했다. 나도 참 못 말리는 며느리다. 오후 내내 계속해서 두드려드리니 "오늘 큰 수고했다" 하셨다. 아직 아버님은 여전하시다.

마지막 주일

10월 마지막 주일, 추수감사주일이자 내리교회 창립기념주일이었다. 그리고 아버님의 담임목사 은퇴 및 원로목사 추대와 새로운 담임목회자 추대 예배를 드리는 날이기도 하다. 이 특별한 날을 위해 교회에서는 그동안 여러 가지 준비를 했다. 철저한 절차와 길고 복잡다단한 과정을 통과하여 오늘에 이른 것이다. 그동안 아버님은 병원에 계시면서 중간중간 준비 과정을 보고받았고, 장로님과 새로운 목회자를 통해 교회에 꼭 필요한 것을 일러주셨다.

여기서 잠깐 새로운 목회자, 즉 우리 서방님 이야기를 좀 해야겠다. 서방님은 근 20여 년 동안이나 내리교회를 섬겨온 평신도였다. 부모님 곁을 든든히 지키면서 말도 많고 탈도 많은 개척교회를 한결같이 섬겨왔던 것이다. 피치 못할 사정으로 아버님이 출타하여 강단이 빌 때마다 평신도의 영성으로, 교회를 섬기는 마음으로, 효도하는 마음으로 진솔하고 소박한 말씀을 나누며 목사인 아버님을 대신하던 아들이기도 했다. 서방님은 원래 부산경남 지역 대학의 인기 강사로 사회생활을 착실히 잘 하고 있었다. 그리고 교회에서는 성실한 안수집사로서 열심히 신앙생활을 해왔다. 그런데 신학을 공부해서 교회 사역을 돕는 게 어떻겠냐는 교인들의 바람과 아버님의 권

유로 1년 전부터 신학을 공부하게 된 것이다. 그러다 아버님이 갑자기 병환으로 정상적인 목회가 불가능해지자 자연스럽게, 아니 당황스럽게도 담임목사 역할을 해야 했던 비운의 신학교 1학년짜리 전도사다. 20년 동안 얼마나 많은 부교역자가 내리교회를 거쳐갔겠는가. 교인들이 차라리! 차라리 담임목사 아들인 저 안수집사를 공부시켜 사역을 돕도록 하는 게 낫겠다며 만장일치로 밀어붙여 오늘에 이른 것이다. 좋은 일이고 감사한 일이나 어떤 사람들의 눈에는 세습으로 보이기도 하리라. 그러나 내 눈에는 세습은커녕 십자가로만 보인다. 졸지에 사모가 된 동서도 마냥 안쓰럽기만 하다.

어쨌든 이날은 이런 과정을 거친 특별한 주일이었다. 교회의 큰 잔치를 준비하느라 교인들과 어머님은 며칠 전부터 분주하게 움직였고, 아버님과 나도 주일 아침부터는 아니어도 오후에 있는 은퇴 예배에는 잠깐이라도 참석할 수 있을 줄 알았다. 그러나 아버님의 병세는 하루가 다르게 악화되어갔다. 어제부터는 기력이 너무 떨어져 외출은 도저히 불가하다고 판단되어 예배에는 참석할 수 없게 되었다. 아버님도 단념하셨다.

식구들이 다 교회에 가고 다시 아버님과 나만 남았다. 주일 아침, 오늘은 찬송가를 많이 불러달라고 하셨다. 거의 스물다섯 장 가까이 불렀다. 이제 말씀을 읽을 차례다.

"오늘은 욥기를 읽어다오."

"욥기를 전부 다요?" 하니 아버님도 웃으신다.

"네, 아버님. 읽어드릴게요. 한 번 읽어보죠, 뭐."

아버님은 평소 욥기와 시편, 이사야서 가운데서 좋아하는 부분을 골라서 읽어달라고 하셨는데 오늘은 욥기를 처음부터 다 듣고 싶으신 모양이다. 물통을 옆에 갖다 놓고 읽기 시작했다. 스물다섯 장 정도를 읽고 나서 아버님을 보니 곤히 잠이 드셨다. 나는 입도 아프고 목도 말라서 그만 읽기로 하고 조용히 보호자용 소파에 가서 누웠다.

깜빡 잠이 들었다가 인기척에 깨어보니 아버님이 복도에 나가자고 하셨다. 이즈음 아버님은 "참 아름다워라"를 자주 불러달라고 하셨다. 나는 휠체어를 밀며 아버님만 들으시도록 가사 없이 허밍으로 계속 불러드렸다. 한참을 돌고 다시 방으로 왔다. 아버님은 잠깐 눈을 붙이시는 것 같더니 이내 다시 일어나 앉겠다고 하셨다. 일으켜드리자 수첩과 볼펜을 찾으신다. 그리고 가져다 드린 수첩에 "No Sleep"이라고 쓰셨다. 도저히 잠을 잘 수 없으니 간호사에게 가서 수면제를 좀 받아오라는 것이었다. 한 시간 정도 외출이 가능한지도 묻고 오라고 하셨다.

간호사 데스크로 가서 그대로 전했다. 간호사는 이해할 수 없다는 표정으로 나를 잠깐 쳐다보더니 "수면제는 지급되고 있고, 외출은 불가능합니다"라고 했다. 나는 모르는 질문의 정답을 들은 학생처럼 그 대답을 가지고 병실로 가다가 문 앞에서 한참을 그대로 서 있었다. 1분도 채 안 걸린 게 너무 죄송해서 바로 들어갈 수가 없었다. 아버님의 요청이 고민이 필요한, 생각해볼 만한 요청이었다고 시간으로라도 위장하고 싶었다. 뭐라고 말할까? 어떻게 말할까?

아버님은 여전히 볼펜을 쥐고 계셨다.

"아버님, 수면제는 담당의사가 조정을 해준다고 하고요, 외출은 지금 아버님 상태로는 너무 위험하다고 하네요. 감기라도 들면 큰 일이잖아요."

미소를 지으며 고개를 *끄덕끄덕*하신다.

"아버님, 강신영 전도사 담임목회자 추대예배에 가고 싶으시죠?"

그 말에 그렇다고, 정말 그렇다고 말씀하시는 듯 웃음기 없는 얼굴로 고개를 다시 *끄덕*이셨다. 입원하던 날 입고 온 운동복을 입고라도 교회에 가겠다는 아버님을 말리는 것도 어렵지 않았다. "병원에서 안 된다고 해요" 하면 그대로 받아들이셨다. 그 고분고분함이 너무나 마음 아팠다. 얼마나 사랑하시는 교회였던가. 얼마나 아끼고 정성을 들였던 교인들이었던가. 그들과 함께 이 영광스러운 예배에 참석하여 기쁨을 나누고 싶은 마음을 누구보다 잘 아는 내가 그렇게 할 수 없다고 말해야 하다니. 날짜를 며칠만 더 앞당겼더라면 참석은 하실 수 있었을 텐데. 다시 아버님을 눕혀드리고 찬양을 불렀다. 잠든 아버님의 슬픈 얼굴을 보자 나는 더 괴로워졌다. 늦은 오후 모든 예배와 예식을 마친 교인들이 다같이 와서 차례차례 문병을 했다. 아버님은 남은 힘을 다해 그들과 기쁨을 나누셨고 이 특별한 주일은 이렇게 끝이 났다.

남편이 아이들을 데리고 병원이 있는 부산으로 내려왔다. 교회에서 주일 설교사역만 감당하고 나머지 시간은 아버지 옆에 있으라고, 그렇지 않으면 나중에 크게 후회한다고 배려해준 것이다. 얼마나 감사한지. 남편은 앞으로 간병은 자기가 맡아서 하겠노라고 했다. 남편이 오고 아이들이 옆에 있으니 나도 마음이 훨씬 안정되었다. 아버님 앞에서 찬양을 부를 때도 남편과 같이 부르니 참 좋았다. 성경은 남편이 혼자 읽고 싶어 했다. 아버님도 교회의 배려에 고마워했고 큰아들이 옆에 있는 것을 좋아하셨다. 그사이 아버님은 몸이 많이 무거워져서 휠체어에 앉고 일어설 때마다 큰 힘이 필요했다. 남편이 안 왔으면 어쩔 뻔했나 싶을 정도였다.

휠체어를 밀고 나가 아버님을 기분 전환시켜드리는 것도 남편 몫이었다. 아버님은 목소리가 거의 나오지 않을 정도로 기운이 없었지만 깨어 있는 시간에는 남편과 많은 대화를 나누었다. 지나온 삶이 후회스럽다는 이야기를 많이 하셨다. 마음속에 있는 사랑을 다 표현하지 못하고 딱딱하게만 살아온 것이 가장 후회스럽다고 하셨다. 다정한 아버지가 되지 못한 것에 대해서도 미안해하셨다. 여유 없이 무작정 앞만 보고 달려오기만 한 것도 후회스럽다고 하셨다. 교회에 관한 이야기도 많았다. 아버님은 그제야 개척교회 목사의 어려움을 털어놓으셨다. 그리고 모든 짐을 혼자 떠맡고 힘들어한 것과 스트레스를 제대로 다스리지 못한 것들을 후회하셨다. 교회 일을 할 때 도와주는 사람이 없었던 것, 모든 결정을 혼자 내려야 했던 것이 특히 힘들었다고 하셨다. 어려운 가정을 심방할 때나 교회에 큰 문제가 닥쳤을 때 모두가 뒷짐 지고 자신만 바라보는 것도 많이 힘들었다고 하셨다. 목사가 되면서 스스로 목사라면 당연히 기도도 많이 하고, 성경도 많이 읽고, 신앙서적 역시 많이 읽어야 한다고 생각하셨단다. 그래서 허리가 아파 도저히 책상 앞에 앉을 수 없는데도 스스로 정한 규칙에 매여 쉬지 못했던 것이다. 아버님은 자신이 건강을 챙기지 못해 이렇게 병까지 들었으니 이게 얼마나 교회에 누를 끼치는 일이냐며 속상해하셨다. 교회를 저렇게 지어놓고 담임목사가 암에 걸려 죽었다고 하면 세상 사람들이 얼마나 손가락질을 하겠느냐고 난 정말 이렇게 죽고 싶지 않았다고 하셨다. 물론 그리스도인도 병에 걸리고 암에 걸려 죽을 수 있지만 그래도 이왕이면 끝까지 세상 앞에서 은혜를 끼치는 사람이고 싶었던 것이다. 오랜 투병 생활로 몸이 갈수록 약해졌지만 변함없이 주님의 말씀을 사모하고 찬양하는 아버님의 모습이 이미 우리에게 큰 은혜가 되었는데 말이다.

　　남편은 아버님의 이야기에 공감도 하고 위로도 하고 부정도 하며 대화에 깊이 빠져들었다. 아버님은 아들 앞에서 마음속에 있는 이야기들을 하나하나 다 꺼내 보이셨다. 두 사람은 함께 웃기도 했고 울기도 했다. 아버님이 눈물을 글썽일 때면 남편은 그 모습을 차마 보지 못하고 고개를 숙였다. 나는 옆에서 이 광경을 조용히 지켜보며 카메라에 담거나 녹음을 했다. 남편도 아쉬움이 많았다. 무엇보다 아버님과 이렇게 깊은 대화는 태어나서 처음 해본다는 게 제일 안타까운 일이었다. 왜 이제야 이런 모습으로 이런 자리를 마련할 수밖에 없었나 하는 생각에 남편은 몹시 괴로워했다. 아버님 목회를 도와드리지 못한 것도 너무나 죄송해했다. 물론 모든 게 하나님의 섭리 안에 있었겠지만 아버님이 힘드셨다고 하니 그걸 몰랐다는 사실에 그저 죄송스러워 할 수밖에 없었다.

마지막 화요일

별 무리 없이 드시던 물 한 모금도 오늘은 너무나 힘들어하신다. 한 번에 삼킬 수 없어서 두세 번에 나눠 꿀떡꿀떡 소리가 나게 힘을 줘야 하고 삼키고 나서도 기침을 계속 하신다. 눈도 겨우 뜨고 시선은 힘없이 떨어지고 갑자기 불쑥 뜬금없는 소리도 하신다. "헌금 준비해라, 동영상 찍어야지." 주일을 준비했던 기억들이 두서없이 튀어나오는 것 같다. 어제까지만 해도 듣고 싶은 찬양이 있으면 찬송가에서 직접 찾아주셨는데 오늘은 그마저도 못하신다. 낮잠을 안 자려고 하는 의지도 없이 그냥 맥이 풀려 있다. 그러나 같은 자세로는 10분을 못 버틸 만큼 몸이 많이 약해져 제대로 주무실 수도 없다. 그래도 약 기운에 깜박 졸다가 느닷없이 눈을 뜨면 내게 "너 밥 먹어야지, 배고프잖아" 하신다. 부축이라도 해드리면 "허리 조심해라" 하는 당부도 잊지 않으신다. 이렇게 별안간에 컨디션이 뚝 떨어질 수 있나. 며칠간 괜찮다가 갑자기 상태가 나빠졌다. 이별은 이런 식으로 예고 없이 우리에게 올까? 참 슬프다.

간병 중이던 남편에게 다시 불면증이 찾아왔다. 비상이다. 의사는 재발하지 않게 조심하라고, 재발하면 만성으로 갈 수 있다고 신신당부를 했었다. 그런데 다시 재발하고 말았다. 병상에 계신 아버지가 얼마나 답답하실까 생각하며 괴로워하던 차였다. 사실 남편은 감정이입을 너무 잘해서 괴로운 일이 많다. 그것을 피하려다 보니 오히려 더 냉정해 보일 때도 있다. 남편은 새도 못 키우고, 물고기도 못 키운다. 걔네들이 새장에서 어항에서 얼마나 답답하겠느냐는 것이다. "병원24시" 같은 프로그램도, 비극적인 영화나 너무 슬픈 드라마도 잘 못 본다. 주인공의 슬픔이 너무 아프게 전해져서 괴롭다는 것이다. 우리가 사는 세상에도 힘들고 슬픈 일이 많은데 왜 영화나 드라마에서까지 그런 걸 봐야 하냐고 한다. 그래서 SF영화를 그렇게 좋아하는 거란다. 이 세상에서는 절대 일어날 것 같지 않은 일들을 상상하게 하는 영화로 잠시 현실을 잊는 것이다. 그런 남편은 사랑하는 아버지가 병에 들어 꼼짝도 못하고 누워 있자 그 고통을 함께 느끼기 시작했다. 그렇게 아버님의 감정 속으로 들어가게 된 남편은 예전의 그 답답함이 다시 나타나 아버지 곁을 오래 지킬 수가 없었다. 세찬 부산 바람을 한참 쐬고 나서야 다시 아버지 옆에 와서 앉아 있을 수 있었다.

전날 아버님은 두 아들에게 용서를 구했다. "사랑 표현에 서툴렀던 아버지가 상처를 준 것이 있으면 용서해달라"고 하셨다. 남편은 아니라고, 아버지는 훌륭했고 그런 아버지를 사랑했다고 말했다. 신앙을 물려준 아버지를 누구보다 존경했다며 도대체 무엇을 용서하느냐고, 그런 것 없다고 아버님의 말씀을 아예 부정했다. 반면에 둘째 아들은 아버지의 모든 말씀을 수용하고 다 용서하겠다고 했고, 아버님은 고맙다고 하셨다. 이런 감정의 소용돌이 속에서 이틀째 잠을 이루지 못하는 아들을 보고 어머님은 걱정하시며 얼른 집으로 가라고 하셨다. 나도 그래야겠다는 판단이 섰다. 돌아오는 주일이 추수감사주일이니 우리 교회에 가서 예배를 드리고 나만 다시 내려와야겠다고 생각했다.

아버님은 이날까지도 아무리 힘들어도 직접 화장실에 가셨고 이도 직접 닦으셨다. 손자들이 오면 잠깐이라도 침대에 앉아 정갈한 모습으로 인사를 받으셨다. 집으로 가기 전 잠깐 병원에 들렀는데 아버님과 산책하고 싶은 마음이 들었다. 침대에서 내려와 휠체어에 앉으시는 걸 옆에 있는 진석이가 도와드렸다. 진석이가 그동안 이불 아래에 감춰져 있던 할아버지의 병든 모습을 가까이에서 본 것은 이번이 처음이었다. 내친김에 진석이에게 할아버지와 함께 산책을 다녀오라고 했다. 병동을 한 바퀴 돌고 오는 진석이는 울고 있었다. 슬픔을 가누지 못하고 어쩔 줄 몰라 하며 운다. 마음이 너무 아파서 안아주었더니 내 어깨에 얼굴을 묻고 한참을 더 울었다. 이 아이에게 할아버지가 어떤 존재였던가. 눈물을 닦아주고 할아버지께 인사를 드리라고 했더니 할아버지와 눈을 맞추느라 무릎을 꿇다가 그 무릎에 얼굴을 묻고 다시 울었다. 아버님은 울고 있는 진석이의 머리를 쓰다듬으며 작은 소리로 힘겹게 "울지 마라, 울지 마라", 하셨다. 우리는 이제 무엇을 예감해야 하나.

마지막 금요일

기적은 대체 누구에게 일어나는 것일까? 하나님은 누구에게 기적을 베푸시는 것일까? 친정 아빠의 병을 낫게 해달라고 기도하면서 참 많이 했던 질문이다. 기적이란 무엇일까? 우리가 죄인이었다가 의인으로 칭함을 받게 된 것보다 더 큰 기적이 있을까? 이 기적 속에 사는 나에게 또 다른 기적이 필요할까? 일만 달란트를 탕감받은 나에게 백 데나리온이 있고 없고가 무슨 의미가 있겠는가? 병에서 낫는 것만이 우리가 구할 바인가? 이 병조차 하나님의 섭리임을 고백하고 우리의 약함을 통해 하나님의 강하심이 드러나게 해달라고 기도할 수 있어야 하지 않을까? 티끌과 같았던 내가 하나님의 딸이 되어 영생을 소유한 기적은 이미 왔고, 이제 내가 하나님을 얼굴과 얼굴을 대하여 볼 다음 기적이 남았다. 첫 번째 기적이 믿음을 통하여 내게 왔다면, 두 번째 기적은 죽음을 통하여 올 것이다. 이 땅에서 사랑하는 사람들과 헤어져야 하는 이별은 너무 슬프지만 천국에서의 재회를 기억하며 나는 두려움 없이 죽음 앞에 서고 싶다.

집에 와서 나는 장례식을 준비했다. 아이들에게 입힐 옷을 찾아서 손질하고 없는 것은 미리 구입하여 구색을 맞춰놓았다. 그리고 얼마나 더 부산에 있게 될지 몰라 살림을 정리해놓고 내려갈 짐을 싸두었다. 그때 동서에게서 문자가 왔다. 사진이었다. 아버님의 요청으로 식구들과 함께, 그리고 아버님 혼자 두 장의 사진을 찍었다며 나에게 보내주었다. 사진은 아버님을 실제보다 좀 더 객관적인 눈으로 보게 했다. 사진 속에 있는 아버님은 얼마나 지독한 병마에 시달렸는지 차마 볼 수 없을 정도로 많이 상해 있었다. 육신의 장막을 벗기가 이렇게 힘들 수가 있을까? 인생에 지워진 죄 짐을 벗기가 이렇게 힘들 수가 있을까? 아버님이 갑자기 왜 사진을 찍으라고 했는지 물으니 동서도 어려워서 여쭤보지 못했다고 한다.

남편은 다행히 오늘 밤도 잘 잤다. 집에 온 후로는 대체로 잘 잤다. 내 옆에 누워서 편히 자는 남편을 한참 바라보았다. 이렇게 시간은 흐른다. 태어나고 자라고 사랑하고 행복해하다가 아프고 병들고 죽어가고 죽고 사라지고. 슬퍼하고 애통해도 먹고 자고 잠시 잊고 다시 웃고 태어나고 자라며, 해 아래에 새로울 것 없이 그렇게 시간은 흐른다. 인생은 시간과 함께 오고 가고 또 오고 간다. 그 밤에 내가 느꼈던 것은 사는 것과 죽는 것 사이에서, 영원에서 영원으로 흐르는 시간의 한 점에 멈춰 서서 하나님을 볼 수 없게 된 인간의 허무함과 공허함이 아니었을까? 모든 것을 놔두고 가야 하는 아버님도, 그런 아버님을 봐야 하는 우리도 모두 같은 운명인 것을.

하나님이 아니고서는 도저히 풀 수 없는 수수께끼 같은 운명. 우리

모두 그 운명 앞에 서 있다.

아침 일찍 전화벨이 울렸다. 큰고모님 전화였다. 아버님이 위독하신데 언제 부산에 내려가려고 하느냐는 말씀이었다. 우리는 전혀 들은 바가 없었다. 아들의 상태를 걱정한 어머님이 우리에게는 알리지 않으려고 하셨는데 서로 잘 못 알아들어서 실수로 걸려온 전화였다. 세상에, 숨기실 게 따로 있지. 심장이 쿵쾅거리기 시작했다. 명치가 자꾸 내려앉는 것 같았다. 아이들을 깨우고 인근에 사시는 막내고모님과 연락하여 같이 차를 타고 내려가기로 했다. 어제 준비를 마친 것 같은데도 왜 그렇게 준비할 게 많던지.

아버님은 지난 주일 이후로 면회사절 상태였다. 환자가 병문안을 받는 것도 힘이 있어야 가능한 일이다. 주일 이후로는 너무 힘들다며 아무도 안 보겠다고 하셨단다. 그런데 오늘 아버님은 마지막으로 한 사람의 병문안을 더 받았다. 숭실고등학교 재직 시절 학교에서는 영어 선생님으로, 교회에서는 주일학교 선생님으로 신앙훈련을 시켰던 제자였다. 합동신학대학원의 조병수 총장님이 바로 그 제자다. 눈도 못 마주치고 말씀도 못 나누는 상태였지만 제자가 온 걸 알고 아버님은 눈물을 흘리셨다고 한다. 내가 그동안 아버님 곁에서 문병 온 많은 사람을 봤지만 아버님이 가족 외에 다른 사람에게 눈물을 비치신 적은 단 한 번도 없었다. 항상 웃는 얼굴로 손님들을 만났고 오히려 격려하고 위로하면서 그들을 보내셨다. 우리가 부산으로 내려가는 중에 오셔서 그분을 직접 뵙지는 못했지만 나중에 이 이야기를 전해 듣고 얼마나 마음이 아팠는지 모른다. 아버님은 왜 눈물을 흘리셨을까? 이 제자는 아버님께 어떤 의미였을까? 애정이었을까, 시간이었을까, 추억이었을까, 그리움이었을까, 후회였을까, 안타까움이었을까? 아마도 감사였으리라. 그렇게 생각한다. 아버님은 한 번도 다른 사람 앞에서 자기 연민의 눈물을 보이신 적이 없었으니까. 아버님은 하나님의 은혜에 감격했을 때 눈물을 흘리셨으니까. 그날도 그런 눈물이었으리라.

우리는 늦은 오후가 되어서야 병원에 도착했다. 이틀 만에 다시 본 아버님은 이전과 전혀 다른 모습이었다. 거의 혼수상태에 가까워 보였다. 심장박동과 혈압을 실시간으로 체크하는 기계가 몸에 달려 있었고, 스스로는 뭔가를 조금도 할 수 없는 상태였다. 호흡도 달라졌다. 가래 끓는 소리를 내며 아주 힘겹게 숨을 쉬셨고, 눈은 자꾸 맥없이 돌아가고, 손은 무언가를 잡으려는 것처럼 계속 위로 올라갔다. 그 천근 같던 다리도 저절로 움직였다. 고통이 극에 달하자 몸에 경련이 오는 모양이다. 잘 다녀오라고 손을 들어주셨고 내 인사에 고개를 끄덕여주신 게 그저께였는데, 이틀 사이에 이렇게 되시다니. 우리 모두는 몹시 놀라 어찌할 바를 몰랐다.

이제 어떤 소통도 할 수 없는 것인가. 마음이 무너져 내렸다. 무엇을 해야 하나. 그동안 내가 해왔던 것을 하는 수밖에 무엇을 더 할 수 있을까. 습관처럼 가까이 가서 "아버님, 찬양 불러드릴까요?" 하니 아버님이 고개를 끄덕이셨다. 그 모습에 우리 모두의 입에서 탄성이 나왔다. 아, 아버님이 아직 여기 계시구나. 의식을 잃으신 게 아니었구나. 그렇다면 지금 얼마나 고통스럽고 괴로우실까? 그런 아버님이 지금 찬양을 불러달라고 하신다. 나는 얼른 아버님의 찬송가를 찾았다. 새로 편찬되어 구입한 지 얼마 안 됐는데 벌써 낡은 찬송가. 우리가 그동안 참 많이도 불렀던 찬양들. 아버님이 사랑하시던 찬양들. 내가 부르는 소절마다 "아멘, 아멘" 화답하시던 찬양들. 부르고 또 불러도 지겹지 않고 날마다 매일 새롭게 우리 마음을 적셔주던 찬양들. 아버님의 마음이 어떤 여행을 하고 있는지 다 보여주던 찬양들. 그 찬양 속에서 우리가 서로 받은 그 기쁨을 알 사람이 있을까?

그 찬양들을 모두 꺼내 남김없이 다 불러드렸다. 아버님 얼굴을 살피다 다물어지지 않는 입술을 보니 혀까지 다 말라 있었다. 조금씩 드시던 물마저 못 드신 지 얼마나 되었을까. "아버님, 입이 마르시죠?" 하니 고개를 끄덕이시는 것 같다. 거즈에 물을 적셔 입술에 발라드렸다. 계속해서 찬양을 부르고 말씀을 읽어드렸고 그렇게 시간이 흐르는 동안 아버님의 혈압은 점점 내려갔다. 이별의 순간이 다가오고 있었다. 마지막이 다가오고 있었다. 남편은 아버님 귀에 말씀을 한 장 읽어드리고 작별 인사를 드렸다. "아버지, 많이 사랑하고 존경했어요. 이제 그만 천국 가셔서 편히 쉬세요"라고 말씀드렸다. 옆에서 통곡을 하던 진석이도 할아버지 손을 얼굴에 대고 작별 인사를 드렸다. 나도 두 손으로 아버님 얼굴을 쓰다듬으며 작별 인사를 했다.

아버님,

어머니 잘 모실게요.

동기간에 우애 있게 지낼게요.

아이들도 잘 키울게요.

그동안 사랑해주셔서 감사해요.

그리고 진수 은수를 진심으로 사랑해주신 것도 감사드려요.

천국에 가셔서 우리 아빠도 꼭 만나세요.

저희도 곧 갈게요, 아버님.

그리고 우리는 찬양을 했다.

주는 평화, 막힌 담을 모두 허셨네

주는 평화 우리의 평화

주는 평화, 막힌 담을 모두 허셨네

주는 평화 우리의 평화

염려 다 맡기라, 주가 돌보시니

주는 평화 우리의 평화

염려 다 맡기라, 주가 돌보시니

주는 평화 우리의 평화

아버님이 다정한 남편도 따뜻한 아버지도 못 되었던 것에 대해 후회하며 아내와 아들들에게 진심으로 용서를 구하면서 불러달라고 했던 찬양이었다. 미련도 아쉬움도 없이 사셨지만 단 한 가지 마음에 걸렸던 이름 가족, 사랑의 또 다른 이름인 가족, 그리고 가족의 또 다른 이름인 십자가. 이제 그 아픔도 내려놓고 그토록 사랑하는 예수님을 만나러 가시길 바라며 이 찬양을 불러드렸다. 자정 즈음에 아버님의 호흡은 멈췄고 우리 안에 맴돌던 슬픔은 한꺼번에 터져나왔다. 내게 특별한 사랑을 주셨던 아버님이 천국으로 가셨다.

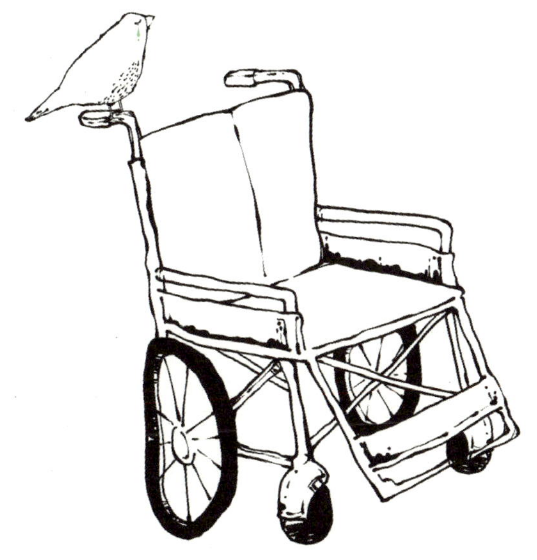

Dear...

에필로그

아버님,

천국은 어떤가요?

그곳에서 어떻게 지내세요?

막내 손녀딸이 꿈을 꾸었는데요.

황금마차를 타고 천국에 가서 할아버지를 만났는데

할아버지가 안경도 안 쓰고 머리카락도 아주 많았대요.

그 꿈을 같이 꾸지 못한 저는 그런 아버님이 상상이 잘 안 돼요.

나중에 저도 그곳에 가게 될 텐데

안경 안 쓰신 아버님, 머리숱 많은 아버님을 못 알아보면 어쩌죠?

천국에서 아버님은 더 이상 제 아버님이 아닌 건가요.

그곳에서 아버님과 우리 아빠는 더 이상 사돈이 아닌 건가요.

그곳에서는 제가 아버님을 형제님이라고 부르게 되는 건가요?

제가 여기서 아무리 천국을 꿈꾸어보고, 상상해봐도

그곳에서도 아버님이 제 아버님으로 계시면 좋겠고

아빠가 제 아빠로 계시면 좋겠어요.

그곳에서도 남편이 제 남편으로 있었으면 좋겠고

우리 아이들이 제 아이들이었으면 좋겠어요.

아버님,

어쩌면 저는 지금 이곳에서 천국을 살고 있나 봐요.

아버님 음성이 귀에 들리는 것 같아요.

"하이고, 니가 안 와봐서 그런다."

그렇죠? 여기서 아무리 꿈꾼다 한들 어림도 없겠죠?

어머님은 잘 못 지내세요.

아버님이 미국 가셔서 혼자 지내는 거랑 천국 가셔서 혼자 지내는 건

전혀 다른 거라고 하시며 매우 쓸쓸해하세요.

아버님이 천국에 가시던 그날,

마지막 호흡이 끊긴 직후 아버님의 얼굴은 아주 평안하게 바뀌었답니다.

그동안 고통으로 일그러져 있던 얼굴은 온데간데없이 사라져버렸어요.

그 모습을 보고 애비는 큰 위로를 받았어요.

그로 인해 지나치게 팽팽하게 당겨져 있던

저희의 삶의 줄이 저절로 풀어지면서

적당한 탄력을 얻었고

이제 더 부드럽고 깊은 소리를 낼 수 있을 것 같아요.

강신영 전도사는 아버님이 믿으신 대로 내리교회를 잘 섬기고 있어요.

1년 365일 진행되는 새벽기도회를

올 여름 1주일 동안 닫아버리는 파격적인 행보도 보였어요.

휴가 가느라고요.

교인들도 좋아했다는 소문이 있어요.

진석이는 세상에서 가장 존경하는 할아버지를 따라

연세대학교 영문과로 진학하겠다고 하더니

고등학교 가서 중간고사 한 번 치고 나서는

거기는 너무 힘들 것 같다고 하네요.

그리고 저는 이 책을 쓰고 있어요.

우리 아이들이 할아버지를 잊지 않게 하려고 시작했는데,

글을 쓰면서 매일 울다가 웃다가, 울다가 또 웃어요.

다 담을 수는 없어서 추려내고 덜어내면서

지금은 기억하지만,

'먼 훗날 이 책에 담지 못한 추억들을 내가 다 잊으면 어떻게 하지?'

하는 생각에

문득 슬퍼지기도 했답니다.

아버님,

사랑하며 살겠습니다.

사랑하지 못한 후회가 남지 않도록 사랑하며 살게요.

하나님 나라와 교회와 말씀을 사랑하며

남편과 자식들을, 과부가 된 두 어머니를,

가족과 이웃을 사랑하며 살게요.

저 자신을, 그리고 저의 과거와 현재와 미래를 사랑하며 살겠습니다.

사랑이 생명이 될 수 있도록

그리스도의 십자가를 사랑하며

그의 남은 고난을 사랑하며

땅에 떨어져 썩어야 할 밀알로 사는 것을 사랑하겠습니다.

이렇게 버거운 운명을 안고 사랑하기 위해 눈물을 흘리다 보면

어느덧 제게도 천국 문이 성큼 다가와 있겠지요.

사랑하지 못할 자가 사랑해야 했던 그 사랑의 짐을 내려놓고

천국 문을 열고 들어가

20년 전에 헤어졌던 아빠를 만나고

지금도 뵙고 싶은 아버님을 만나겠습니다.

사랑이 짐이 아니라 힘이 되는 그곳에서

하루가 천년 같고 천년이 하루 같은 그곳에서

이 땅에서 사랑을 다하지 못한 사람들을 만나

마음껏 사랑하고 또 사랑하고 매우 사랑하고 더욱 사랑하며

사랑의 왕이신 예수님과 함께 하나님을 찬양할 그날을 꿈꾸겠습니다.

마라나타!

마라나타!

마라나타!

마라나타!

가족

나의 사랑 나의 십자가

Copyright © 최에스더 2015

1쇄발행_ 2015년 5월 8일

지은이_ 최에스더
펴낸이_ 김요한
펴낸곳_ 새물결플러스
편   집_ 노재현·박규준·왕희광·정인철·최경환·최율리·최정호·한바울
디자인_ 이혜린·서린나·송미현
마케팅_ 이승용
총   무_ 김명화

홈페이지 www.hwpbooks.com
이메일 hwpbooks@hwpbooks.com
출판등록 2008년 8월 21일 제2008-24호
주소 (우) 158-718 서울특별시 양천구 목동동로 233-1(목동) 현대드림타워 1401호
전화 02) 2652-3161
팩스 02) 2652-3191

ISBN 979-11-86409-10-7 03230
책값은 뒤표지에 있습니다.

이 도서의 국립중앙도서관 출판시도서목록(CIP)은 서지정보유통지원시스템 홈페이지
(http://seoji.nl.go.kr)와 국가자료공동목록시스템(http://www.nl.go.kr/kolisnet)에
서 이용하실 수 있습니다(CIP제어번호: CIP2015011986).